# Barbara Franck

# Ich schau in den Spiegel und sehe meine Mutter

## Gesprächsprotokolle mit Töchtern

Mit einer Einführung
von Professor Michael Lukas Moeller

**GOLDMANN VERLAG**

Made in Germany · 9/86 · 1. Auflage
Genehmigte Taschenbuchausgabe
© 1979 Hoffmann und Campe Verlag, Hamburg
Umschlaggestaltung: Design Team München
Druck: Elsnerdruck, Berlin
Verlagsnummer: 11416
Lektorat: Cornelia Richter
Herstellung: Sebastian Strohmaier
ISBN 3-442-11416-0

# Inhalt

| | |
|---|---:|
| *Einführung* | 7 |
| *Literaturhinweise* | 38 |
| *Vorbemerkung:* *Wieso redest du eigentlich dauernd von* meiner *Mutter?* | 41 |
| Margret M., 34, verheiratet, zwei Töchter, z. Zt. Hausfrau: *Wenn meine Mutter tot wäre, würde mir nichts fehlen . . .* | 47 |
| Johanna A., 44, verheiratet, eine Tochter, Schauspielerin: *Ich möchte sie wie einen Christbaum schmücken mit Glück . . .* | 59 |
| Ulrike S., 36, getrennt lebend, Grafikerin: *Wenn ich mal gesagt hab, ich zieh aus, hat sie damit gedroht, daß sie sich was antut . . .* | 73 |
| Beate F., 31, ledig, PR-Beraterin: *So Mutter als Synonym für: Da kannst du immer hin . . .* | 85 |
| Monika B., 35, geschieden, zwei Töchter, Malerin: *Die Gefühle reichen nicht mehr aus, um Haß zu empfinden . . .* | 101 |

Doris A., 35, verheiratet, eine Tochter, Sozialarbeiterin:
*Daß sie einen immer vor dem Vater geschützt hat,
werde ich ihr nie vergessen . . .*                              115

Susanne L., 23, ledig, Kindergärtnerin:
*Ich hab wirklich Mitleid mit ihr, und von daher
auch so ne Zuneigung . . .*                                     127

Julia F., 35, verheiratet, zwei Töchter, Buchhändlerin:
*Was sie an meinem Vater nie kritisiert hat, kriti-
siert sie jetzt an meinem Mann . . .*                           143

Gisela B., 24, ledig, Prostituierte:
*Hier ist alles Scheiße, ich fahr zum Bahnhof und
komm nach Hause . . .*                                          159

Nina E., 37, verheiratet, ein Sohn, Journalistin:
*Wahrscheinlich hat sie immer noch gedacht, die
und ein Mann . . .*                                             173

Ulla K., 40, geschieden, eine Tochter, Sängerin:
*Sie ist süchtig nach mir . . .*                                185

Eva K., 17, Schülerin, (Tochter von Ulla K.):
*Im Grunde kann ich mir gar nichts Tolleres wün-
schen . . .*                                                    197

Ingrid W., 18, Schülerin:
*Aber sie verlangt dafür Liebe in irgendeiner
Weise . . .*                                                    207

Karen B., 36, geschieden, Direktrice:
*Sie kam mir manchmal so vor wie eine schnappende
Falle . . .*                                                    203

*Literatur*                                                     238

# Einführung

## 1. Warum übernimmt ein Mann das Vorwort?

So unterschiedlich sich in diesem Buch die Lebenswelten einer Sozialarbeiterin oder Schauspielerin, einer Hausfrau oder Journalistin, einer Prostituierten oder Schülerin abzeichnen, es geht um ureigene Belange der Frauen: um das aus der Beziehung zur Mutter erwachsende Gelingen oder Verfehlen eines Selbstbildes, mit dem zu leben sich lohnt, und um die sinnvolle Gestaltung der eigenen Situation als Frau mit und ohne Beruf, als Mutter und als Tochter. Für mich stellte sich als erstes die Frage, ob denn ausgerechnet ein Mann eine Einführung in dieses durch und durch weibliche Thema übernehmen solle. Reichen meine unterschiedlichen Erfahrungen überhaupt aus (als Vater einer Tochter, als Sohn, als Ehemann, als Freund, als Liebespartner, als Arbeitskollege und in meinem Falle auch als Psychoanalytiker), um dieser innersten Entwicklungslinie und Wirklichkeit der Frauen gerecht werden zu können? Ich mußte sehr daran denken, daß Mütter und Töchter einer frühen Kultur (der Ureinwohner karibischer Inseln) eine eigene Sprache hatten, die ihre Männer, Väter und Söhne nicht verstanden.

Denn worum es in diesen Berichten geht, ist erst zu

erahnen, wenn man sich von der oberflächlichen, vermutlich männlich bestimmten Illusion befreit, Zeugung und Empfängnis machten Frauen zu Müttern. Sie sind nur der Auslöser. Die Abgründigkeit des Themas liegt darin, daß in der Tochter-Mutter-Beziehung der wirkliche Ursprung der Mütter zu sehen ist. Jede Frau wird vor allem durch die Erlebnisse mit der eigenen Mutter selbst zur Mutter. Es gibt vielleicht keinen machtvolleren, einflußreicheren und keinen weiblicheren Bereich als diese Lebenswerkstätte, in der aus Töchtern Mütter entstehen (manchmal allerdings auch verhindert werden, wie etwa Beate F., PR-Beraterin, berichtet).

Doch gibt es wohl auch keine größere und gefährlichere Illusion, als die Vorstellung, hier werde gleichsam hinter verschlossenen Türen in tiefer Isolation nur von Frau zu Frau gewirkt. Denn mit durchdringender Unerbittlichkeit formt jedes umfassendere System, hier unsere Gesellschaft, schließlich die Bedingungen, nach denen sich seine Teilsysteme weitgehend richten müssen: So gestalten die langfristig entstandenen und heute beschleunigt sich ändernden gesellschaftlichen Realitäten die vergleichsweise winzigen Untersysteme der Familie und der Geschlechtsrollen. Die Mutter-Tochter-Beziehung ist wiederum nur ein Teil des familiären Ganzen, von dem sie mitbestimmt wird. Schließlich entsteht, wie erwähnt, die Persönlichkeitsstruktur der Mutter im Kern aus den Wechselbeziehungen mit der eigenen Mutter. Angesichts dieser vielfältigen, weitreichenden und eng verflochtenen Abhängigkeiten wäre es verhängnisvoll, die Mutter-Tochter-Beziehung isoliert aufzufassen, wie es vielleicht die themenzentrierten und persönlichen Berichte nahelegen. Das Erleben, Verhalten und Handeln der Mutter, der Tochter, der Frau ist nur eine Erscheinungsform umfassender gesellschaftlicher Notwendigkeiten – die Rolle des

Vaters, des Sohnes, des Mannes, das unauflösbar mit ihr verbundene Gegenstück. Wir alle können nur sehr beschränkt anders werden als unsere Verhältnisse. Insofern sitzen Männer und Frauen in einem Boot.

Es ist notwendig, daß Frauen sich untereinander intensiv mit ihrer Lage befassen. Die Männer sind noch lange nicht so weit. Das Ziel aber muß schließlich bleiben, die Situation gemeinsam zu klären. Warum? Weil eineRolle die andere bedingt und beide abhängig sind von denselben umfassenderen Notwendigkeiten. Nur in einem gemeinsamen Gespräch zwischen Frauen und Männern kann überhaupt erst jenes notwendige Bewußtsein erwachsen, das eine Änderung unserer Gesamtlage einleiten könnte. Eben deswegen ist dieses Buch auch für Männer wichtig. Eben deswegen war ich – im Bewußtsein der Grenzen, die einem Mann gerade bei einem solchen Thema gesetzt sind – gern bereit, eine Einleitung zu versuchen.

## 2. Warum rückt die Mutter-Tochter-Beziehung ins Blickfeld der Öffentlichkeit?

### Frauenbewegung

Das heute spürbar angestiegene Interesse an der Mutter-Tochter-Beziehung ist zunächst ein Ergebnis der Frauenbewegung. Diese ist aber ebenfalls keine isolierte Erscheinung. Vielmehr entwickelte sie sich in den sechziger Jahren vor allem in den Vereinigten Staaten gemeinsam mit fünf weiteren Protestbewegungen: der Bürgerrechtsbewegung, der Wohlfahrtsbewegung, der Antikriegskampagne, der Verbraucherschutzbewegung und der Umweltschutzbewegung. Stärkeres Mißtrauen gegenüber bevor-

mündenden Institutionen und Rollen, größere Selbständigkeit und stärkere politische Wachsamkeit der Bevölkerung kann man vielleicht als einheitliche Wirkung dieses
sozialen Bewußtwerdens ansehen. Doch gelang es nach
der allgemeinen Enttäuschung und dem Abflauen des
Interesses für globale überlebensgroße Probleme nur der
Frauenbewegung, den konkreten Alltag in ähnlicher
gemeinsamer Aktion zu verändern. Mit ihren kleinen,
lokalen, eigenständigen Gesprächsgruppen wurden
Frauen zu Pionieren des sozialkritischen Engagements
und zu einer der maßgeblichen Repräsentanten der
Selbsthilfegruppen. Für die siebziger Jahre sind diese
Selbsthilfegruppen – die inzwischen zu Hunderttausenden
existierenden »grass-root-associations« – ebenso charakteristisch, wie Protestbewegungen für die sechziger. Der
entscheidende Fortschritt liegt darin, daß hier die Betroffenen in eigener Sache handeln und nicht die oberen
Zehntausend des Sozialengagements. Sie nehmen sich in
diesem kaum zu überschätzenden Modell der reflektierenden Kleingruppe auch selbst zum Thema und wagen damit
den einzig denkbaren Weg einer langfristig wirksamen
Veränderung, nämlich den einer gleichzeitigen Selbstveränderung und Sozialveränderung. Sie sind nicht so kurz-
sichtig geblieben, neben dem Einfluß der aktuellen
sozialen Verhältnisse den oft viel wirksameren Einfluß der
Verinnerlichungen ihrer sozialen Lage zu übersehen, die
sie im Laufe der eigenen Entwicklung vollzogen hatten. In
den Berichten gibt es brennende Beispiele für diese kaum
zu überwindende Macht der Identifikationen mit Eigenar-
ten der Mutter – auch wenn sie bewußt stark abgelehnt
wurden. Hier setzen die Frauen mit sicherem Gespür in
ihren Selbsthilfegruppen an und befinden sich mit über
zweihundert anderen Betroffenen-Kreisen, die ähnlich
vorgehen, deswegen in bester Gesellschaft, weil sie alle

noch am ehesten unsere bestehende Gesellschaft zu bessern, das heißt menschlicher zu gestalten imstande sind. Ich kann auf die bedeutsame Gleichrangigkeit von Selbstveränderung und Sozialveränderung hier nicht weiter eingehen.[1] Kurz gesagt ist eins vom anderen nicht sinnvoll zu trennen; es sind nur zwei Seiten einer Medaille.

In den eigenständigen Gesprächsgruppen der Frauen wird nun die Mutter-Tochter-Beziehung aus zwei Gründen zum Brennpunkt:

1. Im Zuge der Besinnung auf die persönliche Entwicklungsgeschichte wird die offensichtlich unerwartet hohe Bedeutung der Mutter für das eigene Erleben, Verhalten und Handeln bewußt.

2. In der Reflexion über die eigene Rolle und damit auch über die Aufgabe als Mutter erscheint die Mutter-Tochter-Beziehung als konkretestes, wenn auch meist als ungenügend empfundenes Modell.

*Veränderung der gesellschaftlichen Verhältnisse*

Daß ein solches Selbstbewußtsein und eine solche Eigenständigkeit der einst als passiv-abhängig angesehenen Frauen überhaupt möglich werden, ist sehr langfristigen gesellschaftlichen Veränderungen zuzuschreiben, wie sie zum Beispiel der Soziologe Norbert Elias in seinem »Prozeß der Zivilisation«[2] dargestellt hat. Ein wesentliches Moment sind die für Frauen sehr veränderten sozialen Bedingungen: ihre erhöhten, wenn auch bei weitem noch nicht gleichberechtigten Chancen zur Berufstätigkeit (die sich wiederum aus der Umstrukturierung des Wirtschaftslebens ergeben) und der Trend zur Kleinfamilie. Dadurch wird die Frau nicht mehr so sehr durch den Mann definiert (obwohl dieser wiederum – vergessen wir es nicht – wie eh und je und wahrscheinlich stärker durch die Mutter definiert bleibt). Die langfristige Entwicklung zur Verteilung der gesellschaftlichen Steuerung, zur Dezentralisierung, ist nach Norbert Elias bei größer und komplexer werdenden Gesellschaften zwangsläufig. Wenn man will, ist die Frauenbewegung ein Symptom dieser Demokratisierung. Wir stehen mitten in diesem sehr langfristigen Prozeß.

### Besondere Belastung der Mutter-Tochter-Beziehung

Dennoch fällt eines auf: Die Frauen, die berichten, sprechen vor allem als Töchter und viel weniger als Mütter. Was hat das zu bedeuten? Aus den Schilderungen wird klar, wie schwer und unvollkommen die Abnabelung von der Mutter gelang. Die Loslösung, die eigene Individuation, wird als so ungenügend erlebt, daß man über den mehr oder weniger unterdrückten Zorn und die noch verbleibende Abhängigeit von der Mutter kaum staunt. Wie mächtig erscheint hier die Mutterherrschaft.

Rechnen die Frauen nun einfach mit ihrer Mutter ab, wobei die hintergründige Verklebung mit der Mutter ungelöst bliebe, oder gelingt es ihnen, die Mütter und damit sich selbst zu verstehen? Das ist bei der deutlich spürbaren aggressiven Spannung eine sehr schwere Aufgabe. Aber auch die Mütter sind natürlich nicht die Schuldigen. Vielmehr scheint sich hier eine Art Urkonflikt zwischen Natur und Gesellschaft auf dem Rücken der Mütter auszutragen: die Spannung nämlich zwischen der heutigen gesellschaftlichen Rolle der Frau einerseits, die nach allen repräsentativen Untersuchungen gekennzeichnet ist durch Depressivität, Ängstlichkeit und Zwanghaftigkeit, also durch ein nahezu klinisches Bild erhöhter seelischer Belastung, und andererseits der noch immer sehr naturnahen Aufgabe, Kinder zu gebären und aufzuziehen, also eine viel höhere körperliche und seelische Nähe zu Vorformen der sogenannten Erwachsenheit zu bewahren und – eben auch noch in ihrer eigenen extrem ungeborgenen sozialen Lage – Geborgenheit zu bieten. Wenn aber die Mütter so sehr in die Mühlen der beschleunigten sozialen Veränderungen geraten und damit also in besonderem Maße Unterdrückte sind, dann ist auch die Gefahr hoch, daß sie ihr Unterdrücktsein an die Töchter weitergeben. Wenn man sich endlich einmal durchringt, die Verinnerlichung gesellschaftlicher Verhältnisse ernst zu nehmen, das heißt die Realität als werdende und gewordene Wirklichkeit in der Mehrgenerationenperspektive zu sehen, dann wird klar, wie sehr die unterdrückten Mütter die besten Förderer eben dieser Unterdrückung sind: Sie haben Kinder unter sich und können die Weitergabe ihrer Belastung gar nicht vermeiden. Wer diese Berichte liest, wird genug Anschauungsmaterial haben, daß unter den Kindern die Töchter auf der tiefsten Stufe einer psychosozialen Hackordnung zu stehen scheinen. So schreibt auch Nancy Friday: »Die Mütter sind der Hammer, wir sind der Amboß.«[3] Vielleicht werden wir wegen dieser Brisanz auf das Tochter-Mutter-Verhältnis aufmerksamer. Mütter und Töchter erscheinen einem – so gezielt vorgesetzt wie hier – geradezu als soziale Randgruppe.

Der hier ein Gleichgewicht herstellen könnte, ist entschwunden: der Vater. Auch das ist nicht sein persönlicher Hochmut. Wir leben in einer vaterlosen Gesellschaft.[4] Dem Beruf wird außerfamiliär nachgegangen. Zum Teil ist der Vater also ganz real dem Familienleben entzogen, zum Teil hat er als seelische Gestalt, als wirksame Identifikationsfigur nichts mehr zu bieten. Sofern die Mutter nicht das gleiche Schicksal ereilt, wird sie damit für die Kinder zentraler. Anders gesagt: die

Mutterbeziehung wird entscheidender und prägender, die Auslieferung an sie unvermeidlich – mit allen schweren Konsequenzen, unter anderem für die Reifung der Aggressivität, die sich ja nicht gegen den einzigen Menschen richten kann, der einem verblieben ist.

# 3. Was beeinflußt die Mutter-Tochter-Beziehung?

Mit dem Blick auf den Vater ist aber nur ein kleiner Schritt getan, um der Gefahr zu entgehen, die Mutter-Tochter-Beziehung isoliert zu betrachten. Das Verhältnis zwischen Töchtern und Müttern muß man als Merkmal einer viel umfassenderen Situation verstehen. Was ist dabei maßgebend?

## Die Lebensgeschichte der Eltern

In dieser Mehrgenerationenperspektive spielt die Mutter der Mutter für unser Thema eine wichtige Rolle.

*KAREN B., Direktrice: »Was sie von ihrer Mutter immer eingeimpft bekommen hatte, war voll in ihr drin, und genau das, was sie von ihrer Mutter mitbekommen hat, hat sie mir im Grunde genommen auf andere Art und Weise weitergegeben.«*

Natürlich kann auch der Vater eine Rolle spielen.

*ULLA K., Sängerin: »Meine Mutter ist in einem Elternhaus großgeworden, wo ein tyrannischer, ungeheuer dominanter Vater war, ein irrsinnig energiegeladener Mensch. Er hatte drei Töchter, sie war die älteste und mit Sicherheit die intelligenteste von den dreien. Er hat, unausgesprochen wohl, immer einen Sohn haben wollen und war offensichtlich maßlos enttäuscht, daß sie eine Tochter war.«*

## Die soziale Schicht der Familie

*SUSANNE L., Kindergärtnerin: »Daß sie eben selber eine repressive Erziehung hatten und selbst unheimlich wenig Erfahrungen machen konnten und nie was anderes kennengelernt haben. Und dann die Situation, in der sie heute leben – keine Kontakte, keine Interessen, gar nichts. Praktisch nur den Fernseher und Streit und wenig Geld.«*

*INGRID W., Schülerin: ». . . weil ich im Verhältnis zum Gros der deutschen Bevölkerung sehr privilegiert aufgewachsen bin, gerade auch, was materielle Dinge anbelangt, und sehr verwöhnt bin. So Leute, die aufgewachsen sind wie ich oder mein Bruder, die haben eben nicht darum zu kämpfen, daß sie was zu essen auf dem Tisch haben oder so. Dann verlangt man natürlich nach Problemen, die zu lösen sind. Ohne eine Aufgabe kannst du nicht existieren, nur so dahinvegetieren, das geht nicht. Das sind eben geistige Sachen, die man sich stellt, weil in der Umgebung sonst nichts da ist.«*

### Die Dynamik der ganzen Familie

Sie ist in jedem der Berichte verschieden. Ihr Einfluß als Ganzes ist hier nur schwer wiederzugeben. Im einzelnen aber kann man sich fragen:
Wie steht die Mutter zu den anderen Kindern, etwa zu den Söhnen?

*JOHANNA A., Schauspielerin: »Ich sagte ihr zum Beispiel, daß ich ihre Beziehung zu meinen Brüdern, die beide jünger sind, als viel intimer und sich sorgender, als viel inniger empfunden hätte als ihr Verhältnis zu mir. Bei mir hieß es immer, die macht das schon, und ich war auch so erzogen, prima zu funktionieren. Eigene Bedürfnisse zu haben, sie zu formulieren oder gar durchzusetzen, das lerne ich jetzt langsam.«*

Wie beeinflußt die Beziehung von Vater und Mutter das Verhältnis der Mutter zur Tochter?

*SUSANNE L., Kindergärtnerin: »Mein Vater ist ein sehr autoritärer Typ . . . (er hat) meiner Mutter zum Beispiel das Schminken verboten. Jede kleine Frage mußte sie mit meinem Vater absprechen, durfte niemals was im Alleingang machen. Er hat sie immer unter Druck gesetzt, und diesem Druck konnte sie nie Widerstand leisten, sie kann es bis heute nicht.«*

In einer solchen Abhängigenposition ist die Mutter oft nur der Handlanger des Vaters. Dagegen ein anderes Beispiel:

*JULIA F., Buchhändlerin: »Meine Mutter wirkt sehr spontan, sehr vital und war immer sehr konzentriert auf ihren Mann. Viel mehr auf ihren Mann als auf ihre Kinder. Das hat uns ungeheuer geprägt, daß die Ehe meiner Eltern sehr glücklich war und daß sie so aufeinander fixiert waren.«*

Die Elternbeziehung hat vor allem Einfluß auf die sexuelle Entwicklung der Töchter, wobei allerdings zu beachten ist, daß alle Berichte nur das wiedergeben können, was den Frauen bewußt geworden ist. Nicht-wissen – wie im folgenden Beispiel – muß nicht unbedingt heißen, daß man nichts erfahren hat; es kann auch eine Verdrängungsleistung sein.

*DORIS A., Sozialarbeiterin: »Jedenfalls wußte ich zum Beispiel nicht, als ich entjungfert war, daß ich nun zum ersten Mal mit einem Mann geschlafen hatte. Ich wußte das einfach nicht. Man hatte ja von den Eltern überhaupt nicht mitgekriegt, daß die sich sexuell irgendwie betätigt haben, und was uns Kinder betraf – es wurde überhaupt nicht darüber geredet. Ich kann meine eigene sexuelle Einstellung heute auch kaum in Beziehung bringen zu meinen Eltern.«*

Wie steht der Vater zur Tochter?

*NINA E., Journalistin: »Mein Vater, der hat mich allerdings toll gefunden . . . Als ich dann wegging, um zu studieren, war eigentlich mein Vater unheimlich traurig, meine Mutter nicht.«*

*BEATE F., PR-Beraterin: »Im Grunde war ich der erklärte Liebling meines Vaters, meine Mutter hatte mich überhaupt nicht auf der Rechnung.«*

Schließlich werden die heute sehr bedeutenden Geschwisterbeziehungen und der Einfluß der Geschwisterpositionen unterschätzt, wie ihn zum Beispiel der Psychologe Walter Toman in seinen »Familienkonstellationen« darstellte.[5]

*BEATE F., PR-Beraterin: »Ich war als Kind unheimlich eifersüchtig auf meinen Bruder, weil der eben der einzige Sohn war, der Kronprinz, unser Erbe, und du sollst mal . . . Als Kind kriegt man das ungeheuer mit, ich glaube, daß man da unbewußt immer die Mutter haben will.*

18

*Und wenn man merkt, eigentlich kommt man bei der Mutter nicht so recht über, sondern der Bruder – jedenfalls fing ich an, meinen Bruder zu kopieren.*«

An diesem Beispiel ist zu sehen, daß die einzelnen erwähnten Beziehungen (hier: Eltern-Kind-Beziehung und Geschwister-Beziehung) nur bedingt voneinander zu trennen sind. Das gilt zum Beispiel auch für die Bemerkung der Journalistin *NINA E.*, in der deutlich wird, daß sie in der Geschwisterposition als Erstgeborene besondere Zuwendung ihres vergleichsweise alten Vaters genoß:

»*Ich war ja sein erstes Kind, meine Schwester ist zwei Jahre jünger. Er war fürchterlich stolz darauf, als ich zur Welt kam, der war da schon 42 Jahre alt. Das hätte auch jemand anders sein können, das war einfach dieses Erstgeborenengefühl, ich hab' jetzt ein Kind.*«

Viel entscheidender also als die gezielte Betrachtung der drei Teilsysteme, die eine Familie ausmachen, nämlich Eltern-Beziehung, Eltern-Kind-Beziehung und Geschwister-Beziehung, ist das innere Gleichgewicht oder Ungleichgewicht der Familie als Ganzes.[6] Das Ganze bestimmt die Teile – also auch die Mutter-Tochter-Beziehung. Ein Teilsystem hat nur eine sehr beschränkte Selbständigkeit.

### Die psychosoziale Situation der Mutter

Natürlich hängt auch die konkrete psychosoziale Situation der Mutter vom Familienganzen ab. Doch beeinflußt zum Beispiel die Berufstätigkeit der Mutter oft unabhängig von Familienvorgängen wiederum alle Beziehungen, einschließlich der Mutter-Tochter-Beziehung. Eine berufstätige Mutter etwa ist ein ganz anderes Modell für die Tochter, die aller Wahrscheinlichkeit nach ebenfalls einen Beruf ergreifen wird. Der Beruf belastet nicht nur die Mutter-Tochter-Beziehung. Er kann sie auch erheblich vom Druck entlasten, sofern die Mutter in ihm einen eigenständigen Aufgabenbereich jenseits ihrer Mutterfunktion erleben kann. Über die Berufstätigkeit hinaus geht es aber auch um die Art und Weise, wie die Mutter ihr Leben überhaupt gestaltet beziehungsweise gestalten kann. Das hängt zum Beispiel weitgehend von ihrem Bildungshintergrund und ihrer Persönlichkeitsstruktur ab.

*SUSANNE L., Kindergärtnerin: »Meine Mutter ist keine starke Persönlichkeit. Dazu kommt, daß sie auch keinerlei Kontakte nach außen hat. Sie haben keine Freunde, keine Bekannten, sitzen wirklich nur zu Hause, machen überhaupt nichts. Haben auch keine Interessen, keine Hobbys. Ich habe mir geschworen, nie so ein Leben zu führen, wie sie das macht.«*

*DORIS A., Sozialarbeiterin: »Aber wenn sie nicht diese anderen Männer gehabt hätte, sich nicht eine andere Existenzberechtigung geschaffen hätte, dann hätte sie die ganze Zärtlichkeit auf uns konzentriert, das sehe ich vollkommen klar, so in Anklammern. Was heute, wo sie keine Männerbekanntschaften mehr hat, auch eintritt, wo sie sich um jeden Dreck kümmert und Sorgen macht.«*

*INGRID W., Schülerin: »Sie sagte in der Zeit, wo sie sehr unglücklich und traurig war, das einzige, was sie noch hält, sind ihre Kinder, mein Bruder und ich. Das ist eine Sache, die schon sehr schwierig ist, sehr gefährlich ist, wenn man sich zwei Kinder als Sinn hinstellt.«*

Oft geht es auch um Phantasiereichtum oder -armut der Mutter.

*INGRID W.: »Als ich noch klein war, durfte ich morgens um neun immer zu ihnen ins Bett kommen, und dann haben wir uns Geschichten erzählt und rumgetobt und gespielt und zusammen gebadet, die ganze Familie, und lauter solche Sachen.«*

Mit diesen kurzen Skizzen möchte ich auf eines aufmerksam machen: Die Mutter-Tochter-Beziehung ist nur im Zusammenhang mit der gesamten Familie und ihrer sozialen Lage zu verstehen. Man kann sie nur in ganz geringem Umfang als eine eigenständige Einheit sehen. Sie ist vielmehr abhängig von der Gesamtlebenssituation.

# 4. Was macht die Mutter-Tochter-Beziehung so eng und so entwicklungsbehindernd?

Wenn wir uns jetzt etwas im klaren sind, welchen Einflüssen die Mutter-Tochter-Beziehung ausgesetzt ist, können wir eine wesentliche Frage besser beantworten, die in fast jedem Bericht indirekt gestellt wird: Warum kleben Mutter und Töchter so entwicklungsbehindernd zusammen?

### Mutter: Person und Rolle

Natürlich ist hier zuerst die Mutter in ihrer Wesensart zu nennen, aber ebenso sehr die eigentümliche Rolle, deren Erfüllung die Gesellschaft von einer Mutter heute erwartet.

Die Beziehung zur Tochter wird selbstverständlich besonders eng, wenn die Mutter in unterschiedlichster Weise dazu neigt, die Tochter in Abhängigkeit zu halten. Direkt geschieht das bei einer weichen, anklammernden ebenso wie bei einer autoritär-beherrschenden, aber auch bei einer modern anmutenden, aufgeklärten Mutter, die durch das Ideal, alles offen auszutauschen, der Tochter keinen Eigenraum läßt und sie sozusagen in ein Gefängnis ohne Gitter steckt. Ein gemeinsames Symptom dieser Mütter ist die gekränkte Reaktion, wenn die Tochter mal in Ruhe gelassen werden will. Dahinter steht meist ein unbewußtes persönliches Bedürfnis der Mutter, die Tochter in irgendeiner Weise zur Linderung eigener Konflikte zu nutzen. Indirekt erreicht die Mutter dasselbe, wenn sie, wie bei *MONIKA B.*, Malerin, von tyrannischer Launenhaftigkeit ist.

*»Dann gab es da so Situationen, daß wir Bekannte trafen auf der Straße und die sagten, was hast du doch für nette Kinder. Und sie dann*

21

*plötzlich den Arm um uns legte, sie faßte uns sonst nie an und umarmte uns nie, und strahlte, ja, tolle Kinder. Und kaum waren die zwei Schritte weg, kriegtest du einen Schlag in die Rippen, und bilde dir ja nichts ein, solche Geschichten.«*

An diesem Beispiel wird auch die Abhängigkeit der Mutter von äußeren Normen deutlich, das heißt von allgemeinen Erwartungen, wie sie zu sein habe. Das dürfte ihre Wechselhaftigkeit erheblich mitbedingen.

Damit kommen wir auf die entscheidende Frage, ob die heutige gesellschaftlich vorgeschriebene Mutterrolle überhaupt noch angemessen, das heißt zum Beispiel entwicklungsfördernd ist. Eine solche Analyse wäre ein Kapitel für sich. Mir scheint die Mutterrolle in vieler Hinsicht ungünstig festgelegt zu sein. Für unsere Perspektive nur einige Stichworte:

1. Sie ist zu totalitär, zu ausschließlich. Eine Frau wird viel zu sehr auf die Mutterfunktion festgelegt. Sie wird viel zu sehr durch Kinderkriegen und -aufziehen definiert und selbst durch diese Norm unterdrückt. Eben deswegen wird auch dieser Druck weitergegeben: Wenn die Mutter total Mutter sein muß, müssen die Kinder total Kinder bleiben. Die Mutter-Tochter-Beziehung wird zu eng. Die Töchter haben auch kein Modell der Frau jenseits der Mutterschaft.

2. Sie steht zu sehr unter dem Gebot, für die Kinder da zu sein und ihnen Geborgenheit und Liebe zu geben. Andere Bedürfnisse der Mütter werden zu wenig anerkannt. Konflikte können sich gar nicht ausgestalten – geschweige denn gelöst werden. Pseudo-konfliktlosigkeit rangiert verhängnisvoll vor Konfliktfähigkeit. Eben deswegen kommt es zu der unterdrückten Gereiztheit. Jede vorgeschriebene Idylle wird in kurzer Zeit zur Hölle, weil eben die normale Konfliktsituation und deren notwendige

begleitende Aggressivität nicht aufgearbeitet werden können, sondern verdrängt, unter den Teppich gekehrt, geschluckt, versteckt bleiben. Jede Verselbständigung der Kinder wird dadurch im Keim erstickt.

3. Sie ist nicht mit Sexualität ausgestattet, obwohl eine Mutter der Inbegriff erfüllter Sexualität sein dürfte. Es geht hier um vielfache Formen sexuellen Empfindens, sowohl dem Mann wie den Kindern gegenüber. Ja umgekehrt dient diese Rolle eher als Schutz vor der Sexualität. Wie einst die Phasen der kindlichen Sexualität bis zur ersten ödipalen Blütezeit (circa im sechsten Lebensjahr) gegen alle Wirklichkeit verleugnet blieben, so ist heute das Thema mütterlicher Sexualität meines Erachtens völlig ausgespart. Bestenfalls hilft man sich mit der Vorstellung, daß die Mutter – gleichsam abgegrenzt von dieser Rolle – »auch noch« eine Frau mit sexuellen Bedürfnissen sei; diese aber wird dann als nicht-mütterlich aufgefaßt. Das Thema ist hier nicht auszuloten. Doch ist wohl der heutigen Rolle einer asexuellen Mutter gegenüber größte Skepsis angebracht. Zu argwöhnen ist, daß eine Männerwelt aus Angst vor zuviel inzestuöser Sexualität ein triebhafteres Mutterbild ausgelöscht hat, wobei die Frauen aus gleichgearteten Ängsten an einer solchen entsexualisierten Rolle mitgewirkt haben dürften. Da wir als Kinder eine vielfältige sinnliche Entwicklung durchmachen und »polymorph pervers« sind, müssen die Mütter in entsprechender Weise zu diesen Empfindungen fähig sein. Der Verdrängung der kindlichen Sexualität entspricht heute offensichtlich die Vedrängung der mütterlichen Sexualität.

4. Sie soll die absolute Vertrauensperson sein. Das ist

eine gefährliche Überforderung, die das genaue Gegenteil erreicht, nämlich Mißtrauen, Lügen und damit die Unterbrechung einer entwicklungsfähigen Mutter-Kind-Beziehung. Das »absolute Vertrauen« ist leider meistens eine massive Forderung an die Kinder, ihre Innenwelt ganz aufzuschließen. Interessanterweise gilt das für die Mutter eben nicht. Das entlarvt die Falschheit an dieser Vertrauensbeziehung: Die Wechselseitigkeit, die erst fruchtbar wäre, besteht nicht. Mit der Forderung nach totalem Vertrauen ist die totale Kontrolle der Mutter über ihre Kinder gegeben. Den Kindern ist es unmöglich, einen eigenen intimen Bezirk ganz für sich zu haben und wenigstens dort selbständig zu sein. Jedes seelisch einigermaßen gesunde Kind kann sich davor nur durch – in diesem Falle angebrachte – Lügen schützen.

Die Rolle der lieben, vertrauensvollen, asexuellen und totalen Mutter ist auch heute noch unerschüttert. Mit dieser Mutterrolle werden die Frauen unterdrückt. Eine Folge ist die maßlose Verdichtung der Mutter-Tochter-Beziehung.

### Gleichzeitige Verdichtung und Distanzierung der Mutter-Kind-Beziehung

Wissenschaftler haben nachgewiesen, daß sich die Mutter-Kind-Bindung langfristig verdichtet hat und heute dazu führt, daß sich die Kinder vor dieser gefährlichen Nähe eher schützen müssen.[7] Die vorliegenden Berichte sind ein Beispiel für diesen Prozeß. Dabei darf man allerdings nicht vergessen, daß diese Nähe der Mutter gleichzeitig einhergeht mit einer Distanzierung von der ganz persönlichen, unmittelbaren, lebendigen – oder wie immer man das nennen mag – Frau, die Mutter ist.

*INGRID W., Schülerin: »An meine Mutter ranzukommen, an den Kern, an sie persönlich, ist unheimlich schwer.«*

Die Distanzierung ergibt sich grob gesprochen aus drei Vorgängen: aus der langfristigen Veränderung der Säuglings- und Kleinkindpflege,[8] aus der zunehmenden allgemeinen Verdünnung und Verkürzung menschlicher Beziehungen vor dem Hintergrund einer für moderne Berufe notwendigen Mobilität[9] und schließlich aus dem Vorrang des erzieherischen[10] und rationalen[2] Verhaltens gegenüber Kindern vor einem nicht unmittelbar zweckgebundenen Zusammensein mit ihnen. Hartmut von Hentig machte darauf aufmerksam, daß die Eltern-Kind-Beziehung funktionaler, das heißt belehrender, erzieherischer, der Zukunft scheinbar dienlicher werde, wogegen die ganz unmittelbare, direkte, menschliche Gegenwart und Begegnung zwischen Eltern und Kindern – also einfach »nur so« zusammensein, ohne ein erzieherisches Korsett – kaum noch existiert. Während also die Eltern als persönliche Menschen in weite Ferne gerückt sind, rückt das elterliche Herumerziehen den Kindern auf den Pelz.

Gesellschaftlich ist der Nutzen klar: Die so nahe Mutter ist sozusagen das genau festgelegte Fließband für das Produkt Kind, das kaum noch Spielraum für Eigenentwicklung hat. Die Verhältnisse werden dadurch überschaubar, planbar. Die Feinabstimmung der Mitglieder der Gesellschaft ist gewährleistet. Alles wird rationaler, vernünftiger, zielgebundener. Zudem läßt es sich schwer entscheiden, ob das nun so sein muß oder nicht. Ohnehin entscheidet das kein einzelner, vielleicht nicht einmal eine Gruppe, sondern die Verhältnisse. Nur über deren Veränderung wäre also die sich gleichzeitig verdünnende wie verdichtende Beziehung zu wandeln. Die Gesamtbedingungen der sich verändernden Eltern-Kind-Beziehung sind nun noch erheblich komplizierter, weil ganz andere Entwicklungen die beschriebene Verengung überlagern. Ich will nur noch eine wichtige nennen: Neben der allgemeinen langfristigen Tendenz zur Funktionalisierung, Verdünnung und Verkürzung menschlicher Beziehungen, die natürlich auch familiäre Verhältnisse nicht ungeschoren läßt, werden die Eltern als Modell für die Zukunft ihrer Kinder relativ nutzlos, weil sich im Kielwasser technologischer Entwicklungen die sozialen Veränderungen beschleunigen und die Erwachsenenzeit der Kinder erheblich von der Erwachsenenzeit der Eltern abweichen dürfte.

Wir sind wahrscheinlich über die vaterlose Gesellschaft hinweg. Auch die Mutter verblaßt als Modell, gilt in ihren Ansichten als schnell veraltet und wird mehr und mehr in die Berufswelt einbezogen. Das führt zunächst zu einer elternlosen Gesellschaft. In ihr haben Eltern für Kinder keine große Bedeutung mehr.

Der nächsten Konsequenz begegnen wir vielleicht schon: der kinderlosen Gesellschaft. In der Bundesrepublik führt das bereits zum Schwund der Nation. Neben der Tatsache, daß Kinder heute als direkte Altersversorgung der Eltern keine Bedeutung mehr haben, das heißt vom persönlichen Aktivposten zum Passivposten wurden, und eine erhebliche finanzielle Belastung darstellen, die sich viele nicht aufbürden wollen, ist dieser eben skizzierte strukturelle Hintergrund, daß nämlich auch die Eltern für die Zukunft der Kinder keine Bedeutung mehr haben, sicherlich ein entscheidender Grund für die geringe Anzahl von Kindern, die heute geboren werden. Damit setzt aber auch ein Teufelskreis ein, der zeigt, wie Verdichtung und Distanzierung in der Eltern-Kind-Beziehung nur zwei Seiten desselben Geschehens sind. Wir kommen damit zum nächsten Punkt.

## Tendenz zur Kleinfamilie

Sie ist als Faktum unbestritten. Das »große Haus«, die einstige Sippe, bot zahllose alternative Beziehungen, so daß allein deswegen das Verhältnis zur Mutter gut ausgeglichen werden konnte. Die Wahlmöglichkeiten, die Chancen, andere Verhaltensweisen, andere Modelle, andere Meinungen und Vorschriften zu erleben, waren für die Kinder viel größer. Zudem hatte die Mutter viele Kinder, wodurch sich die Beziehung nicht so sehr auf nur ein Kind konzentrierte.

*ULLA K., Sängerin, Einzelkind: »Ich fühlte mich als Kind schon immer zu Großfamilien hingezogen, wo fünf, sechs, sieben Kinder waren. Ich hatte Freundinnen mit so vielen Geschwistern, und da lief es unkomplizierter ab, schon wegen der Menge von Kindern. Da verteilt sich die Liebe anders. Da ist die Possessivität auf eine Person nicht so stark. Da gab es so Urmütter für mich, die alles mit links regelten, wo es kühler ablief und trotzdem genauso liebevoll war.«*

Indem nun aber – vor allem natürlich aus sozioökonomischen Gründen, die eine erhöhte Mobilität der Bevölkerung fordern – der Trend zur flexibleren, nicht so seßhaften Kleinfamilie einsetzt, erleben die Kinder zunächst kleine Geschwistergruppen, was wiederum zum Modell für ihre künftigen Familien wird. In einer Diskussionsrunde berichtete kürzlich ein Kommunikationsforscher, daß in der Schulklasse seines zehnjährigen Sohnes von fünfunddreißig Schülern nur drei Geschwister hatten. Der Trend zur Einkindfamilie zeichnet sich ab. Dadurch verdichtet sich zunehmend die Eltern-Kind-Beziehung. Und zwar vor allem zugunsten der funktionalen, pädagogischen, rationalen Steuerung. Schließlich aber kann die gleichzeitige Nähe und Distanzierung in der Kleinfamilie und deren begleitende Konflikthaftigkeit so groß werden, daß das Vergnügen der Kinder an der Kindheit erlischt. Sie haben dann später selbst kein Interesse, diese

Situation zu wiederholen und fühlen sich auch zu konflikt-
beladen, um Kinder aufzuziehen:

> BEATE F., PR-Beraterin: »So theoretisch könnte ich mir das auch
> vorstellen, daß ich Kinder haben wollte, aber ich will keine. Weil ich
> selber vor dieser Welt viel zuviel Angst habe, mich selber viel zu sehr
> ausgesetzt fühle in dieser Welt.«

Zu allem kommt natürlich hinzu, daß die Kleinfamilie im
wesentlichen eine vaterlose Kleinfamilie ist, so daß sich
die Kinder beziehungsweise Töchter konkret nur einer
Elternfigur gegenübersehen. Wenn man heute schon so
viel von »alleinerziehenden Elternteilen« und »Singles«
spricht, muß man sich im klaren sein, daß sich im
Vergleich zu diesen beiden Gruppen – so paradox es klingt
– viel mehr Alleinstehende in den sogenannten normalen
Familien befinden. Das familiäre Nebeneinander hat
längst das familiäre Miteinander abgelöst. Im Rahmen der
Therapie von Ehepartnern ist der Begriff »Kommunika-
tionslücke« (communication gap) fast schon eine Routine-
diagnose geworden. Das hat natürlich Auswirkung auf die
Kinder, besonders, wenn es neben der inneren noch zu
einer äußeren Scheidung kommt.

> INGRID W., Schülerin: »Und in der Zeit (ungefähr zwei Jahre lang vor
> der Scheidung meiner Eltern) ging es für mich darum, zu entscheiden,
> mit wem ich über was rede. Ich durfte nicht mit ihm über sie reden, und
> mit ihr konnte ich nicht über ihn reden, weil sie da sofort angestachelt
> und verrückt reagierte. Da kam so eine Zweiteilung . . .«

In der Gruppentherapie kennt man das Phänomen der
Fraktionierung, der Vereinzelung. Eine Gruppe empfindet
sich dann nicht mehr als Gruppe, sondern als eine
Sammlung von Einzelpersonen ohne Beziehung zueinander. Das geschieht, um Konflikte abzuwehren, das heißt,
sie nicht zu verarbeiten, sondern einfach unbeachtet zu
lassen. In den heute so konflikthaften Familien dürfte das
ebenso auftreten. Die Familienfraktionierung ist in den
meisten Berichten festzustellen. Besonders betroffen ist

die Beziehung zwischen Mutter und Vater: Der Vater ist entweder gar nicht existent, beziehungsweise real weggezogen, oder er spielt keine Rolle beziehungsweise stört. Allein das führt natürlich dazu, daß sich die Mutter stärker auf die Tochter konzentriert. Wenn dann andere erfüllende Aufgabenbereiche der Mutter fehlen oder die Berufstätigkeit unbefriedigend ist, wird der Druck noch ärger.

### Mütter – Töchter: Gleichheit der Geschlechter

Für uns alle ist die Beziehung zur Mutter die erste und wichtigste im Leben. Sie ist nicht wegzuleugnen, als gleichgültig aufzufassen, zu verneinen oder sonstwie abzutun. Die Hausfrau Margret M. berichtet zwar, daß ihr nichts fehlen würde, wenn ihre Mutter tot wäre, doch ist – neben Zweifeln an diesem Empfinden, das nur die bewußte Seite wiedergibt – zu bedenken, daß sie selbst in ihren langen Entwicklungsjahren zu eben dieser Mutter geworden ist. Durch ununterbrochene, tägliche Identifikationen hat sie die Mutter verinnerlicht beziehungsweise: die Erlebnisse mit ihr oder noch genauer gesagt: alle Beziehungen, die sie mit ihrer Mutter hatte. Kurz: Die Mutter-Kind-Beziehung wird das Grundmodell, die Basis für die eigene seelische Struktur. Das meint der Titel dieses Buches: »Ich schau in den Spiegel und sehe meine Mutter.« Die Mutter ist zum eigenen Ich geworden. Sie ist gar nicht mehr nur draußen, sondern in mir selbst. Deshalb hilft in späteren Jahren nicht eine Auseinandersetzung mit der Mutter, sondern mit sich selbst. Man kann die Mutter nicht loswerden, indem man sich äußerlich von ihr trennt – so wichtig dieser Schritt nach den Pubertätsjahren für die aktuelle eigene Identität sein mag. Die weithin unterschätzte, hintergründige Macht der Mütter liegt eben in der Tatsache, daß sie die seelischen

Grundlagen eines jeden Menschen nahezu unwiderruflich bestimmen (sofern sie natürlich mit ihren Kindern noch zusammen sind).

Ist die Bildung des kindlichen und damit im wesentlichen auch des erwachsenden Ichs nun gleichsam das entscheidende mütterliche Werk, so werden durch die Art und Weise der Mutter-Kind-Beziehung auch nahezu alle späteren Beziehungen mitbestimmt: die Beziehung zur Freundin, zur Schulkameradin, zu Partnern desselben oder anderen Geschlechts, die Beziehung zu Arbeitskollegen und Vorgesetzten. Vor allem aber steht die künftige Ehebeziehung der Kinder unter ihrem Einfluß. Dabei können Frauen durchaus auch in ihren Männern unbewußt ihre Mutter erleben. Schließlich erhält durch sie auch die Beziehung zu den eigenen Kindern ihre wichtigste Prägung. So verhalten sich Mütter – wie in den Berichten deutlich wird – ihren Kindern gegenüber so, wie sich ihre Mütter ihnen gegenüber verhielten. Leider auch dann, wenn die mütterlichen Eigenschaften kraß abgelehnt werden. Es kostet außerordentliche Mühe, gegen diese Verhaltensweisen anzugehen, weil sie eben nicht nur vom Bewußtsein bestimmt werden, sondern während der kindlichen Entwicklungsjahre tief in der eigenen Struktur verankert wurden. Sie sind im wesentlichen unbewußt bestimmt. Es zählt ja in menschlichen Beziehungen nur zum geringsten Teil das, was man sagt und sich bewußt vorstellt. Beziehungen gestalten sich vielmehr durch das, was man ist und was man unwillkürlich zeigt.

Die Reichweite der einflußstarken Mutter-Kind-Beziehung geht aber noch über das Verhältnis zu anderen Menschen hinaus: Auch die Beziehung zu sich selbst wird ähnlich vorgeformt. Die Selbstbeziehung, zum Beispiel das Selbstvertrauen, ist gewissermaßen das Spiegelbild der frühen Erlebnisse. Soweit sie unzureichend oder konflikthaft waren, können sich daraus seelische oder psychosomatische Störungen ergeben. Nicht zuletzt ist die Mutter-Kind-Beziehung die Grundlage für die Einstellung zum Leben und zum eigenen Schicksal, das heißt entscheidend für die zahlreichen und ganz wesentlichen Bindungen an primär nicht-menschliche Dinge – zum Beispiel an Ideen und an Landschaften, wie diejenige, die wir etwa als Heimat empfinden usw.

Das bisher Gesagte gilt für die Mutter-Sohn-Beziehung grundsätzlich ebenso wie für die Mutter-Tochter-Beziehung. Doch sind die Verhältnisse für die Töchter wohl deswegen noch prägender, bestimmender, intensiver, weil Mütter und Töchter dasselbe Geschlecht haben. Diese Gleichheit der Geschlechter macht die Beziehung besonders eng und schafft auch für die seelische Entwicklung der Töchter einige wesentlich andere Bedingungen. Damit betreten wir den engeren Bereich der Psychoanalyse, die ja vor allem als eine seelische Entwicklungslehre zu verstehen ist. Ich möchte nur die beiden wichtigsten Besonderheiten weiblicher Entwicklung hervorheben:

1. Die größeren Schwierigkeiten, sich von der Mutter abzugrenzen und selbständig zu werden, weil eben durch die Geschlechtsgleichheit eine wechselseitige Nähe und Ähnlichkeit gegeben ist. Diese Schwierigkeiten, sich wirklich von der Mutter zu lösen, bilden demnach auch den Schwerpunkt nahezu aller Berichte.

2. Die Notwendigkeit vom ersten Liebespartner Mutter auf den Liebespartner Mann zu wechseln, eine seelische Leistung, die ja für Söhne nicht erforderlich ist. Gerade hier wirkt es sich außerordentlich erschwerend aus, daß die Vaterbeziehung nur unvollkommen, gestört oder gar nicht ausgebildet ist.

Kurz: Betrachtet man die Besonderheiten weiblicher Entwicklung in Zusammenhang mit den heutigen (kaum noch familiär zu nennenden) Bedingungen des Aufwachsens einer vaterlosen Minigruppe, dann ist mit einem Blick zu erfassen, daß Frauen in ihrer Individuation zu eigenständiger Weiblichkeit besonders behindert sind. Die Verklebung mit den Müttern bleibt mehr oder weniger umfangreich, die Geburt ihres Selbst, die psychische Geburt nach der körperlichen Geburt, wird nur unvollkommen vollzogen. Söhne haben es hinsichtlich der Abgrenzung allein aufgrund ihrer Gegengeschlechtlichkeit leichter – zusätzlich natürlich auch aufgrund des ganz anderen Erziehungsstils zum Mann hin. Daß der Vater aber auch bei ihnen als Identifikationsfigur fehlt, ist an dem sehr veränderten männlichen Erscheinungsbild zu spüren, dessen längeres Haar zum Beispiel sicherlich der Mutter entlehnt ist. Unisex, Partnerlook und die partielle Angleichung der Geschlechterrollen sind auf dem Hintergrund eines mutterzentrierten Aufwachsens zu sehen. Dabei ist nicht zu vergessen, daß die Mutter hier nur das Rad im Getriebe gesellschaftlicher Wandlungen ist.

Im langfristigen Überblick ist die Annäherung der Geschlechtsrollen eine notwendige Folge der Industrialisierung und der ebenso zwangsläufigen Demokratisierung als beste Steuerungsform hochkomplexer Gesellschaften. Mehr und mehr – wenn auch ungenügend – werden Frauen in die Berufe und in öffentliche Entscheidungen einbezogen. Es ist eben nur die Frage, inwieweit die Eigentümlichkeiten und Notwendigkeiten der seelischen Geburt des Menschen, denen wiederum die Rolle einer Mutter entsprechen muß, angesichts der veränderten gesellschaftlichen Bedingungen noch bewahrt werden können. Es ist zu erwarten, daß sich die Mütter nicht nur im Sinne eines lebensgerechten Fortschritts ändern: sie werden eben selbst noch unvollkommen gelöst von ihren Müttern sein, sich selbst noch teilweise im Mutterschoß befinden, so daß sie ihre nicht ganz gelungene Selbstbeziehung an die Töchter weitergeben. Kompliziert wird die Lage durch die Berufstätigkeit der Frau, die wiederum für ihr Selbstwertgefühl immer notwendiger wird und darüber hinaus auch einer Form arrestartiger Hausisolation vorbeugt.

Was folgt daraus? Einerseits die erwähnte gesteigerte Distanzierung – eine Form von Elternlosigkeit –, andererseits aber eben gerade dadurch eine Verklebung, eine bestehenbleibende Symbiose, weil die normale Entwicklung über die Eltern als Voraussetzung der Ablösung nicht vollzogen werden kann. Die Mütter bleiben (als Hausfrau völlig, als Berufstätige in ihrer Restzeit) auf die Töchter fixiert, die Töchter auf die Mütter. Beim Trend zur Einkindfamilie sehen wir uns vor einer Art weiblicher Zweiersekte[11] – vielleicht als vorübergehendes Phänomen, bis die Eltern-Kind-Sozialisation durch die Altersgenossen-Sozialisation völlig abgelöst wird.

### 5. Lassen die Berichte besondere Problembereiche zwischen Töchtern und Müttern erkennen?

Der bisher skizzierten Situation entsprechen die Schwerpunkte in diesen Berichten:

1. Das Festgehaltenwerden durch die Mutter; die Unterdrückung; die Abhänigkeit von ihr; die einzwän-

genden Rollenvorschriften der Mutter für die Tochter als ideales oder abgelehntes Selbst, als Partnerersatz, als Rivalin, als Bundesgenosse usw.;[12] die Schwierigkeiten, selbständig zu werden; die eigene Muttergebundenheit; Schuldgefühle und Befürchtungen, die Mutter könne neidisch werden, wenn man sich emanzipiert.[13]

2. Die unterdrückte, nicht mitgereifte Aggressivität; das Tabu der bösen Mutter einerseits, der Protest gegen die Mutter andererseits; die gereizte Beziehung zur Mutter, die Spannung, die Unduldsamkeit; der Trotz, der selbst noch die Heirat motiviert.

3. Die Macht der Identifikationen mit der Mutter, die sich wie eine innere Steuerung durchsetzen; das Gefühl ohnmächtiger Hilflosigkeit ihnen gegenüber, wenn es ausgerechnet um negative Eigenschaften der Mutter geht, die nun am eigenen Leibe sichtbar werden; das Problem der »inneren Mutter«, weniger das der äußeren.

4. Die Unmöglichkeit, eine Lösung zu finden; die Töchter können mit der Mutter nicht reden; Notlösungen: der innere Rückzug bis zum Suizid, die Flucht in die Leistung, die aber bestenfalls Abstand, keine Aufarbeitung der Konflikte bringt; oder ein Hineinstürzen in eine neue Abhängigkeit, in die Ehe als zweiten Mutterschoß.

5. Das hohe Ideal, die eigene problematische Kindheit nicht zu wiederholen, sondern es mit den Töchtern anders zu machen; der Bericht der Schülerin Eva K. bietet ein gelungenes Beispiel.

6. Die meist zerrüttete oder nicht vorhandene Beziehung zum Vater.

Lebendig sind die Berichte vor allem deswegen, weil sie diese Grundthemen in verwandelter Form, sozusagen in

34

verschiedenen Wirklichkeiten aufzeigen. Dabei spielt auch die Kriegszeit eine Rolle. Sie dürfte für fast alle Frauen gelten: Selbst betroffen sind sie, wenn sie älter als 34 Jahre sind; indirekt betroffen, wenn ihre Eltern den Krieg stärker miterlebt haben. Einige Beispiele:

*INGRID W. (sie spricht das große Sicherheitsdenken ihrer Mutter an, die es Änderungen gegenüber schwerer hatte): »Wie kann ich jetzt, ohne Gefahr zu laufen, irgendwas zu verlieren, weiterleben.«*

*JULIA F., Buchhändlerin: »Ich bin . . . ein typisches Kriegskind, 44 geboren. Und wir sind in einer relativen Selbständigkeit aufgewachsen, so in dieser Zeit des Umbruchs . . . Ich bin z.B. mit vier Jahren allein gereist.«*

*JOHANNA A., Schauspielerin: »Da hatten meine Eltern, wie alle, Existenzsorgen, und es war auch einfach nicht die Zeit, auf die Psyche eines heranwachsenden Kindes einzugehen . . . Die Kinder hatten mitzulaufen . . .«*

Aber sind heute aufgrund ganz anderer Verhältnisse für Kinder nicht ähnliche Zustände wie im Krieg erreicht? Müssen sie nicht auch heute mehr oder weniger mitlaufen? Und wird nicht die Verklebung eben gerade durch diese Distanzierung gefördert, da eben auch dann – wie durch eine klammernde Mutter – jene normale Entwicklung zur Ablösung von den Eltern behindert ist?

Die vielleicht brennendste Frage, die dieses Buch indirekt stellt, lautet:

## 6. Was ist zu tun?

Auch gute Bücher, denen über die rationale Information hinaus eine tiefere emotionale Beteiligung am Thema zu mobilisieren gelingt, leiden in der Regel daran, daß sich ihre Wirkung auf die Ergriffenheit des einzelnen Lesers beschränkt und nach kurzer Zeit versiegt. Das ist ein allgemeines, sehr ernstes Problem der heutigen einbahnigen Informationsvermittlung – von Presse, Rundfunk, Film und Fernsehen, über Vorträge und Unterricht, bis hin zur ärztlichen Diagnose, zum gesamten Bereich der Kunst und nicht zuletzt den kirchlichen Predigten. »Meisterdenker«[14] setzen Empfängern Gedachtes vor und verhindern damit deren eigene Auseinandersetzung. Sie mehren Passivität und Fremdbestimmung. Was also fehlt, ist die Chance zu einer aktiven, vertiefenden und kritischen Weiterverarbeitung des gesetzten Impulses. Dieses Buch könnte viele sehr nachdenklich stimmen. Es hilft, sich der eigenen – und gleichzeitig einer sehr allgemeinen – Situation bewußter zu werden. Doch was dann? Die alle Berichte durchdringende Grundproblematik fordert mehr. Nahezu jede Frau sucht nach einem Ausweg. Den Lesern müßte es ähnlich gehen. Was nötig wäre, ist leicht zu sehen: eine Möglichkeit zu einem gemeinsamen, längerfristigen, reflektierenden Gespräch. Genau diese Gelegenheit haben sich aber die Frauen bereits in ihren selbstorganisierten, eigenständigen Gesprächsgruppen geschaffen. Sie dienen nicht nur der Reflexion über sich und die eigene Lage; sie streben auch an, aus den gewonnenen Erkenntnissen die soziale Situation aktiv zu gestalten. Was hier also in den Selbsthilfegruppen geboten wird, ist mehr als nur eine einzige Lösung: Es ist ein Weg, angesichts unterschiedlicher Probleme in Selbstbestimmung auch unterschiedliche Lösungen zu finden.

In den Vereinigten Staaten hat sich aus der Mutter-Tochter-Problematik, die dieses Buch zum Thema hat, eine eigene Selbsthilfeorganisation »Daughters United« (Vereinigte Töchter) gebildet. Vielleicht kommen findige und tatkräftige Frauen auch einmal dazu, Selbsthilfegruppen mit Töchtern und deren Müttern anzuregen. Sie wären viel eher in der Lage, die wechselseitigen Beziehungsprobleme anzugehen. Paar-Selbsthilfegruppen, an denen auch die Männer beteiligt sind, existieren bereits. Selbsthilfegruppen könnten über die Linderung aktueller Störungen und angestauter Aggressivität hinaus verhindern, daß in der nächsten Familiengeneration der Lebensgenuß durch blinde Wiederholung derselben Konflikte vergällt wird. Seitdem ich über viele Jahre Selbsthilfegruppen berate, bin ich vom Wert dieser emotionalen und selbstkritischen Arbeit zutiefst überzeugt. Die positive Wirkung ist inzwischen auch wissenschaftlich zur Genüge belegt. Die *Deutsche Arbeitsgemeinschaft Selbsthilfegruppen*[15] vermittelt Adressen einzelner Gruppen und unterstützt jede eigenständige Initiative.

Abgesehen von der Teilnahme an regelmäßigen, längerfristigen Gesprächsgruppen, ist auch sonst der Lösungsweg klar: Es geht darum, im eigenen konkreten Alltag mehr Raum für wesentliche, kontinuierliche Gespräche einzurichten. Ein kurzfristiges, sporadisches Aufraffen zu einer Unterredung bringt meist nicht mehr als eine gereizte Stimmung oder gar einen handfesten Krach. Das ist bei regelmäßigen Gesprächen mit dem konkreten Ziel, die eigenen Probleme aufs Korn zu nehmen, ganz anders. Das Buch bietet genügend Beispiele, die den schwierigen Anfang eines solchen Vorhabens erleichtern. Offenheit darf man zunächst weder von sich selbst noch von der Gesprächspartnerin über Gebühr verlangen, aber man sollte versuchen, sich auf das Thema einzulassen und im Zuge des Miteinanderredens mehr Offenheit zu lernen.

Vor allem sollten Mütter mit ihren Töchtern mehr sprechen. Es geht darum, neue Zielvorstellungen miteinander zu entwickeln: zum Beispiel nicht die konfliktlose, sondern die konfliktfähige Beziehung als gesundheitsbildendes Vorbild zu erkennen; oder den Vorzug eher darin zu sehen, die eigenen Schwächen zuzugeben, als sie hinter einer Fassade der Stärke zu verstecken. Die Kinder dürfen nicht zum »ein und alles« werden. Sie loslassen, abgeben, ihren eigenen Bedürfnissen überlassen zu können ist der elterlichen Bindung gleichrangig. Solche Leitlinien aber sind als gute Vorsätze auf diesem Papier sinnlos. Erst die gemeinsame Erfahrung, das Erleben im Gespräch, das Wiederholen und das Durcharbeiten könnten eine Änderung bewirken. Der Einsatz lohnt sich, weil die Mutter-Tochter-Beziehung wegen ihrer tiefen Auswirkung auf alle Beziehungen im Leben eine kaum zu überschätzende präventive Bedeutung hat. Sie bestimmt die innere Lebensqualität der Menschen – das Wesen der Mütter –, die Gründung, Größe und Dynamik künftiger Familien.

So sehr die gesellschaftlichen Verhältnisse die Mutter-Tochter-Beziehung gestalten, sie können sich im wesentlichen nur durch sie hindurch vermitteln. Die Mutter-Tochter-Beziehung wird damit zur zentralen Achse einer psychosozialen Vererbung, über die äußere Verhältnisse zu innerseelischer persönlicher Struktur werden. Eine wirkliche soziale Änderung ist ohne sie nicht denkbar. Im Vergleich zur offenkundigen männlichen Mächtigkeit setzt die hintergründige Macht der Frau, die über Jahrmillionen unsere Entwicklungsgeschichte bestimmte,[16] ihre Maßstäbe verschwiegen.

*Im Juni 1979*                           *Michael Lukas Moeller*

# Literaturhinweise

1 Michael Lukas Moeller (1978) Selbsthilfegruppen.
Reinbek: Rowohlt

2 Norbert Elias (1936, 1958) Der Prozeß der Zivilisation. Band 1 und 2.
Frankfurt/M.: Suhrkamp

3 Nancy Friday (1979) Wie meine Mutter. Frankfurt/M.: Goverts

4 Alexander Mitscherlich (1963) Auf dem Weg zur vaterlosen Gesellschaft. München: Piper

5 Walter Toman (1974) Familienkonstellationen. München: Beck

6 Horst Eberhard Richter (1972) Patient Familie. Reinbek: Rowohlt

7 Lloyd de Mause (Hg) (1978) Hört ihr die Kinder weinen?.
Frankfurt/M.: Suhrkamp

8 Renggli, Franz (1976) Angst und Geborgenheit. Reinbek: Rowohlt

9 Alvin Toffler (1970) Der Zukunftsschock. München: Droemer-Knaur

10 Hartmut von Hentig (1975) Vorwort zu Philippe Ariès, Geschichte der
Kindheit. München: Hanser

11 Michael Lukas Moeller (1979) Zwei Personen eine Sekte,
Kursbuch 55

12 Horst Eberhard Richter (1963) Eltern, Kind und Neurose.
Reinbek: Rowohlt

13 Marina Moeller-Gambaroff (1977) Emanzipation macht Angst, Kursbuch 47

14 André Glucksmann (1978) Die Meisterdenker. Reinbek: Rowohlt

15 Deutsche Arbeitsgemeinschaft Selbsthilfegruppen,
Friedrichstraße 28, 6300 Gießen

16 Richard Fester u. a. (1979) Weib und Macht. Fünf Millionen Jahre
Urgeschichte der Frau. Frankfurt/M.: Fischer

# Vorbemerkung

## Wieso redest du eigentlich
## dauernd von meiner Mutter?

Dieses Buch entstand durch eigene Betroffenheit. Auf einem Selbsterfahrungs-Training, an dem ich teilnahm, schilderte eine Frau, wie sehr die Beziehung zu ihrer Mutter, dieses Durcheinander aus Liebe und Haß, aus Schuldgefühlen und schlechtem Gewissen, sie belastete. Während sie weinend zusammenbrach und jene Atemnot bekam, die sich sonst häufig beim Telefonieren mit der Mutter einstellte, passierten zwei Dinge: Eine andere Frau stöhnte auf: »Wieso redest du eigentlich dauernd von *meiner* Mutter?« Und genau aus diesem Gefühl heraus heulte ich ebenfalls los.

Die Heftigkeit meiner Reaktion überraschte mich selber. Sie machte mir klar, daß ich unter dem gespannten Verhältnis zu meiner Mutter, den regelmäßig wiederkehrenden Reibereien und Versöhnungsversuchen, der Einsicht, daß es offenbar unmöglich ist, mit ihr einmal so unbefangen zu reden wie mit anderen Menschen, viel mehr litt, als ich mir bislang eingestanden hatte. Und auch, wie viele Probleme ich auf andere übertrug oder mit anderen auszufechten versuchte. Ich erkannte zum Beispiel plötzlich, warum ich auf leise, leidende Stimmen stets so schroff reagiere. Jahrelang war mir nicht klar gewesen, noch konnten die Betroffenen ahnen, daß ich im Grunde eine andere Stimme hörte . . . So erschreckend diese Einsicht war, so tröstlich war die Erfahrung, mit diesem Problem offensichtlich nicht alleine dazustehen. Damals kam mir die Idee, mit anderen Frauen über ihre Mütter zu reden und aus den Gesprächen ein Buch zu machen.

Es dauerte einige Zeit, bis ich den Mut fand, meiner Mutter davon zu erzählen. Ich hatte Angst, daß sie sich sofort wieder angegriffen fühlen würde. Doch ihre Reaktion war völlig anders: »Lieber Himmel«, sagte sie, »da kannst du mich auch befragen . . .« Damals überraschte mich das. Heute weiß ich, daß es ganz bezeichnend ist.

Bei meiner Suche nach Interview-Partnerinnen traf ich nämlich kaum eine Frau, für die das Thema »Mutter« keines war. Doch einige sagten spontan: »Tut mir leid, aber darüber zu reden, kann ich ihr nicht antun.« Andere sagten kurz vor dem Interview telefonisch wieder ab, weil sie, seit der Termin feststand, unter Alpträumen litten. Und es gab Gespräche, die wir mittendrin abbrechen mußten, weil beim Versuch, über das Verhältnis zur Mutter zu reden, ein unerwarteter Gefühlsstau die Tochter wortlos machte.

Es haben mich auch Frauen angerufen, die ich gar nicht kannte, die von dem Buch-Plan gehört hatten und über sich und ihre Mutter reden wollten. Dieses unerwartete Interesse bedeutet jedoch nicht, daß alle Frauen die Beziehung (heute noch) als problematisch empfinden. Einige haben mittlerweile einen Weg gefunden, mit den eigenen Erwartungen an die Mutter und mit deren Schwächen besser umzugehen. Aber gerade in solchen Fällen war die Erleichterung darüber so groß, daß dieses entspannte Verhältnis schon wieder ein Thema war.

Die 14 Protokolle können und sollen nicht repräsentativ sein. Ich habe sie auch nicht zusammengestellt, um eine bestimmte These zu belegen, sondern nur versucht, die ganze Bandbreite der Beziehung zwischen Müttern und Töchtern aufzuzeigen. Darum habe ich Frauen verschiedenen Alters befragt und verschiedener Schichten. Frauen, die mit einem Vater aufgewachsen sind und Frauen ohne Vater. Solche, die selber schon Mütter sind und andere, die keine Kinder wollen. Alle haben die Protokolle gegengelesen, abgezeichnet – und anschließend gesagt: »Hoffentlich liest sie das nicht . . .«

Barbara Franck

Margret M., 34, verheiratet, zwei Töchter,
z. Zt. Hausfrau:

*Wenn meine Mutter tot wäre,*
*würde mir nichts fehlen . . .*

Wenn mir jemand sagt, ich bin wie meine Mutter, das kommt für mich einem Todesurteil gleich. Dann krieg ich sofort Aggressionen, das ist das Schlimmste, was du mir sagen kannst. Ich glaube, wenn meine Mutter tot wäre, würde mir nichts fehlen. Wenn hier keine Enkelkinder wären, hätte ich kaum noch Kontakt zu ihr, der über Konventionen hinausginge. Was anderes kann ich ihr gegenüber nicht empfinden. Ich weiß nicht, was sie mir gegenüber empfindet, ich mag sie auch nicht fragen. Und von sich aus sagt sie nichts.

Irgendwie ist sie auch nie als Mutter aufgetreten, überhaupt nicht, sondern immer nur als ganz verschrecktes Wesen, das sich nach meinem Vater richtete und noch forcierter und unglaubwürdiger wiedergab, was er verkündete. Immer in Kostüme gekleidet, bevorzugte Farben sind gedeckte Farben. So beige-grau, so geht sie immer einher, und zwar seitdem ich sie kenne. Die sich nie schminkt und deren Arme immer irgendwie am Körper kleben. Die sich nie loslassen kann oder die sich nicht mal irgendwo hinschmeißt oder mal in den Sessel fläzt oder irgendwas. Das ist immer alles so verschreckt, und alles klebt am Körper, die Bewegungen sind so eng und marionettenhaft. Die auch – ich weiß gar nicht, an was sie

Spaß hat. Ich glaub, sie hat an nichts Spaß. Sie hat an nichts Freude. Die nie irgendwas gewagt hat und alles zuerst negativ sieht, das ist das Schlimmste. Ihre Verklemmtheit, ihre Lebensunlust, das macht mich ganz verrückt.

Komischerweise setzt meine Erinnerung an sie ziemlich spät ein, und zwar als ich etwa sechs war und sie wieder geheiratet hat. Mein richtiger Vater ist ja gestorben, als ich ein Jahr alt war. Danach haben wir bei meinen Großeltern gelebt, also bei ihren Eltern. Ich weiß nur, daß ich eines Tages einfach hörte, ich fahr jetzt weg. Und sie fuhr weg, um zu heiraten. Ich glaube, wir guckten ihr sogar noch aus dem Küchenfenster nach.

Mein Stiefvater bekam dann woanders eine Stellung und nach kurzer Zeit auch ne Wohnung, und dann zog meine Mutter nach. Ich war da schon eingeschult und blieb darum das erste Schuljahr noch bei meinen Großeltern, dann wurde ich nachgeholt. Da muß ich so sieben gewesen sein.

Ich kann mich noch an eine Szene erinnern, als ich da aus dem Zug ausstieg. Da stand also mein neuer Vater. Ich war auch irgendwie bereit, ihn zu akzeptieren und rannte los, so um ihm in die Arme zu laufen. Und der hat das überhaupt nicht mitgekriegt, und kurz vor ihm bin ich dann gestolpert, und statt daß er mich auffing, hat er mich ganz verständnislos angesehen.

Heute, wo ich selber eine Tochter habe, die so eifersüchtig ist, frage ich mich, was ich damals eigentlich für Gefühle gehabt habe. Ich hab mich, glaub ich, nicht mal getraut, irgendwelche negativen Gefühle zu haben oder eifersüchtig zu sein. Meine Mutter hat mich nämlich nie spüren lassen, daß sie auf meiner Seite war. Sondern ich habe immer nur gespürt und empfunden, daß sie auf seiner Seite war. Und deshalb fühle ich mich heute eben immer so maßlos von ihr im Stich gelassen. Ich hab das Gefühl gehabt, daß sie mich als hinderlich empfand und daß sie mich lieber nicht gehabt hätte.

Was ich über meinen richtigen Vater weiß, weiß ich auch nur von meiner Großmutter. Ich mag meine Mutter da auch nichts fragen, weil ich das Gefühl hab, da lebt nichts mehr in ihr, das ist tot für sie. Ich hab an meiner Mutter überhaupt nie richtige Gefühle festgestellt. Ich hab nur Reaktionen festgestellt, ich bin mir niemals sicher, ob sie überhaupt echte Gefühle hat.

Ich kann mich auch überhaupt nicht daran erinnern, daß sie jemals zärtlich zu mir war. Schlimm, nicht? Das macht mich heute noch ganz fertig und ganz traurig. Heute versucht sie manchmal, mich in den Arm zu nehmen, aber es ist mir unangenehm. Ich habe einfach kein körperliches Verhältnis mehr zu meiner Mutter, ich mag sie körperlich nicht.

Ich weiß nicht, was ich mit diesen ganzen Bedürfnissen gemacht habe, ich habe sie wahrscheinlich irgendwie sublimiert. Darum hab ich wahrscheinlich auch so gefressen. So bis dreizehn, vierzehn war ich unheimlich dick und potthäßlich. Ich erinnere mich, daß meine Mutter mit mir von einem Kinderarzt zum anderen rannte, die dauernd Obsttage empfahlen, die ich dann nicht durchhielt, die meine Mutter auch nicht mit mir durchhielt.

Das war auch noch die Zeit, da gingen meine Eltern mit mir einkaufen, und dann wurde nach ihrem Geschmack ausgesucht, nicht nach meinem. Und dann spielte sich immer ein Drama ab, weil ich so dick war und mein Bauch vorstand und die Kleider alle vorne zu kurz waren. Und dann kam mein Vater, riß an dem Kleid rum, riß das vorne runter, sagte, dieser Spitzkühler ist da wieder im Wege. Dann rannte meine Mutter aufschluchzend und in Tränen gebadet raus, und dann war die Familientragödie wieder mal perfekt. Und ich stand wieder da mit einem schlechten Gewissen. Meine Mutter mußte ja meinetwegen wieder heulen, und ich war ein häßliches Kind, konnte also deswegen nicht akzeptiert werden. Und so befand ich mich in diesem Teufelskreis, ich konnte da gar nicht raus.

Ich bin auch lange Zeit nie auf die Idee gekommen, daß sich zwischen meinen Eltern was Sexuelles abspielen könnte, weil ich dafür überhaupt keine Hinweise oder Vermutungen hatte. Ich kann mir meine Mutter auch überhaupt nicht mit einem Mann im Bett vorstellen, ich stell mir vor, daß sie da steif ist wie ne Puppe. Ich kann mich auch an überhaupt keine Zärtlichkeiten zwischen meinen Eltern erinnern. Da war auch wirklich nichts. Die nahmen sich auch nie spontan in den Arm, das hat es gar nicht gegeben. Ich weiß auch, daß ich mich lange Zeit gewundert hab, daß sie meinen Vater nie direkt geduzt hat, sondern sie hat immer die Anrede umgangen. Sie sagte also nicht: Du siehst müde aus, du mußt dich ein bißchen hinlegen, sondern sie sagte: Ich würde mich jetzt ein bißchen hinlegen.

Ich hab meine Mutter auch nie nackt gesehen, bis heute nicht, jedenfalls nicht total. Meine Mutter hat mich auch nie aufgeklärt. Aber zu der Zeit, so mit dreizehn, vierzehn, hab ich mir auch noch keine Gedanken darüber gemacht. Ich durfte mir darüber keine Gedanken machen, und dann hab ichs auch nicht gemacht. Ich war einfach ein 150 prozentig angepaßtes Kind. Ich frage mich, wo ich überhaupt Triebe hatte. Es rührte sich da schon irgendwas, aber ich konnte es nicht benennen. Ich hatte keine Worte dafür. Die ganze Zeit damals hab ich in der Schule was vorgespielt, was ich gar nicht war, so ungeheuer lässig und mondän. Ich kann mich zum Beispiel erinnern, daß ich immer über Witze gelacht habe, und zwar wie irre gelacht, die ich überhaupt nicht kapiert hatte. Und auch mit Genuß die schweinischsten Witze erzählt habe, die ich überhaupt nicht verstand – mit hol dir einen runter und so. Ich wußte überhaupt nicht, was das war. Ich erntete Gelächter damit und irgendeine Art von Anerkennung, das war mir schon bewußt. Aber warum und weshalb, das wußte ich nicht.

Onaniert hab ich in der Zeit auch nie, sondern erst sehr viel später. Ich kann mich nur an was ganz Häßliches erinnern, was damit zusammenhängt. Da hatte ich schon Abitur gemacht und war mit Ullrich zusammen, den meine Eltern ja nie akzeptiert haben. Jedenfalls wollten sie uns immer auseinanderbringen, weil er in ihren Augen ja nichts taugte. Ich habe darunter ziemlich gelitten und bin darüber richtig ein bißchen krank geworden. Ich hatte dauernd Magenschleimhautentzündung und sah dementsprechend vergammelt aus. Meine Mutter spürte irgendwie, daß sie nicht an mich herankam, und sagte dann abends mal ganz häßlich zu mir, du siehst aus, als ob du jeden Tag Selbstbefriedigung machst. Da war ich so erschrocken, daß ich gesagt hab, ich weiß doch gar nicht, wie das geht. Das hab ich wörtlich gesagt, da war ich bereits achtzehn oder neunzehn, und das war auch wirklich die Wahrheit.

Außerdem wurde ich damals wirklich richtig erpreßt. Indem sie nämlich immer sagte, wenn du mit einem unehelichen Kind nach Hause kommst, dann hast du alles kaputtgemacht, was ich hier mit Vati – so hieß es immer in der Sprachregelung – aufgebaut habe. Dazu mußt du wissen, daß sie einen Mann geheiratet hat, der aus einer anderen Schicht stammt wie sie, und sie ihrerseits von seiner Familie her nie akzeptiert worden ist, also bis heute wahrscheinlich Minderwertigkeitsgefühle in ganz großem Maße hat. Irgendwann änderte sich das dann mal. Dann sagte sie nämlich, ich habe Vati jetzt soweit, daß wir das

Kind nehmen würden, wenn du eins kriegst. Das war für mich eine ganz aberwitzige Vorstellung. Ich hätte nie daran gedacht, ein Kind zu kriegen, und ich habs dann ja auch nicht gekriegt, als ich mit zwanzig schwanger wurde, sondern eine Abtreibung gemacht. Zu meinen Eltern zu gehen, der Gedanke ist mir überhaupt nie gekommen. Das wäre für mich das letzte gewesen. Da hab ichs halt gemacht. Lange Zeit danach hätte ich mich noch irgendwo runterstürzen können.

Ich hab das Gefühl, ich hab gar keine Eltern gehabt. Weil ich nicht das Gefühl habe, daß ich um meiner selbst willen geliebt worden bin, sondern nur geliebt worden bin, wenn ich funktionierte. Wenn ich gut in der Schule war, wenn ich mich angepaßt verhalten habe. Ich glaube, daher kommen auch meine dauernden Krankheiten und meine dauernden Krankheitsängste. Wenn ich krank war, dann kümmerte man sich um mich. Dann wurde auch über mich gesprochen, sonst wurde ja nie über mich gesprochen.

Ab und zu, da wage ich schon gar nicht mehr, mir die Zukunft auszumalen, weil ich glaube, ich bin sowieso in einem halben Jahr tot. Dann nehme ich kaum noch was wahr, dann sehe ich kaum noch meine Kinder, oder wenn ich sie sehe, dann kommen mir die Tränen hoch, und ich denke, ihr armen Kinder, in einem halben Jahr seid ihr ohne Mutter, ich sterbe ja. Das ist doch was Unnormales.

Ich hab vor einiger Zeit mal eine Gesprächstherapie gemacht, und der Therapeut da hat mir schon in der ersten Stunde gesagt, daß ich wohl irgendwas mit mir rumtrage, und das sehe ich auch, daß das richtig ist. Und mir ist damals klargeworden, daß da viel von meiner Mutter herrührt, daß ich jemand bin, der auch viel Lebensfeindliches in sich hat. Irgendwie bin ich also doch wie sie. Obwohl ich inzwischen vierunddreißig bin, glaube ich nicht, daß ich mich total abgenabelt hab von meiner

Mutter. Sonst hätte ich nicht zeitweise soviel Haß auf sie. Aber ich glaube nicht, daß ich dieses Lebensfeindliche gegen andere richte, also nicht gegen meine Familie, sondern ich richte das gegen mich selbst.

Ich hab das Gefühl, ich bin zu früh aus irgendeinem Nest herausgestoßen worden, wenn es das überhaupt mal gegeben hat. Und ich kann mich jetzt auch wieder erinnern an Gespräche mit einer Freundin, die müssen schon in der Grundschulzeit geführt worden sein, also daß wir uns damals schon ausgemalt haben, daß wir mal sehr früh heiraten und dann all diese Geborgenheit und das in der eigenen Familie nachholen. Und das hab ich ja quasi auch gemacht. Mir konnte die Bindung zu Ullrich immer nicht eng und eingeschränkt genug sein, und Ullrich hat sich da sicher auch oft eingeengt gefühlt. Das war er ja grad von seiner Mutter gewöhnt, die so eine Gluckenmutter war, dieses Sichanhängen. Aber ich mußte da irgendwas nachholen, ohne daß mir das eigentlich klar war.

Ullrich ist ja auch ein Typ, der mir in sehr vielen Sachen entgegengesetzt ist. Er ist viel spontaner als ich und längst nicht mit so einer Gewissenhaftigkeit belastet oder mit so einem Pflichtgefühl. Ich habe immer nur das Gefühl bekommen, daß das Leben eine furchtbar ernste Sache ist, voller Gefahren, und daß man sich ständig überlegen muß, ob man sich nun auch wirklich genug versichert hat und ob die Prämien alle pünktlich bezahlt sind. Ich habe das Leben immer nur als etwas vermittelt bekommen, um das man sich ständig Sorgen machen muß, aber nie was Spontanes oder nie so momentane Freude. Und ich denke mir, daß es kein Zufall ist, daß ich unter einigen Freunden mir Ullrich ausgesucht habe, und die Reaktion meiner Eltern zeigt ja auch, daß da irgendwas dran sein muß.

Was Zärtlichkeit und Gefühle sind, Körperkontakte, · das habe ich alles erst bei ihm erfahren. Trotzdem kann ich gegenüber meinen Kindern immer noch viel spontaner, gefühlvoller und herzlicher sein als gegenüber meinem Mann. Das mag daran liegen, daß ich mich lange Zeit in dieser Hinsicht Ullrich unterlegen fühlte, weil ich eben so'n emotionales Defizit hatte und zum Teil sicherlich immer noch habe. Und daß ich da auch leicht resigniert hab, weil ich gedacht hab, so kann ich sowieso nie werden, dafür schleppe ich zu viel mit mir rum. Mit meinen Kindern kann ich eben eine Beziehung ganz neu von vorn anfangen, ohne durch solche Vorbilder belastet zu sein. Deswegen fällt mir das da viel leichter. Da kann ich auch mal den Kopf ausschalten.

Wenn ich an Kinder gedacht habe, dann habe ich eigentlich immer an Töchter gedacht. Ich konnte es mir eigentlich nie vorstellen, daß ich einen Sohn kriege. Ich glaub auch, daß ich mit Töchtern besser umgehen kann als mit einem Sohn. Ich glaube, das liegt daran, daß ich wohl doch eine Idealvorstellung vom Mutter-Tochter-Verhältnis bewahrt habe, weil ich da sehr viel drüber nachgedacht habe und darunter sehr gelitten habe. Ich glaube, daß ich dadurch auch für mich selber die Chance hab, vieles aufzuarbeiten und nachzuholen, was ich selbst früher vermißt habe. Irgendwie hab ich das Gefühl, mir selbst etwas Gutes anzutun, indem ich zu meinen Töchtern lieb und herzlich bin. Irgendwie identifiziere ich mich mit meinen Töchtern. Ich glaube, ich könnte es noch eher verkraften, wenn mir meine Töchter sagten: Du kotzt mich an, als wenn ich ihnen gleichgültig wäre, wie mir meine Mutter gleichgültig ist. Dann wäre ich gestorben.

Ich kann mir einfach nicht vorstellen, daß ich mich mit meiner Mutter hinsetze und über das alles rede. Da würde sie zusammenbrechen. Das Bedürfnis habe ich manchmal sehr, aber ich traue mich nicht. Ich habs überhaupt aufgegeben, mit ihr zu diskutieren, weil meine Mutter sofort unsachlich wird und in mir das Gefühl hervorruft, daß ich mit jemandem diskutiere, der schwächer ist als ich. Wenn sie was äußert, wirkt das so blöde und dümmlich, daß ich das einfach nicht gegen sie benutzen kann. Weil ich mich dann schäme, weil das so . . . so simpel und so naiv ist. Da kriege ich wieder genau das ungute Gefühl, das schlechte Gewissen – das ist eigentlich nicht fair von mir, und ich bin ihr an Bildung und Wortgewandtheit überlegen, kann vielleicht besser argumentieren als sie.

Ich glaube, vieles liegt daran, daß meine Mutter irgendwie nicht Frau ist, sondern daß sie, so wie ich, das Gefühl hat, zum Neutrum erzogen worden zu sein. Und weil sie mit ihrer Frauenrolle nichts anfangen kann, darum hab ichs auch so schwer gehabt, irgendwelche femininen Züge zu haben. Ich hab ja auch in unserer Ehe lange Zeit regelrecht die Männerrolle übernommen. Ich glaube heute, daß Ullrich mit seinem Studium nur darum so lange durchgehangen hat, weil ich immer so perfekt und tüchtig und vollkommen war und er gegen mich sowieso nicht ankonnte, weil ich alles besser konnte und alles besser wußte und viel tüchtiger war.

Ich glaube, was ich am meisten vermisse, das ist einfach ein feminines Vorbild, und das hab ich in meiner Mutter nie gehabt. Nicht unbedingt so'n passives Weibchen-Vorbild, sondern einfach ne Frau. Darum kann ich mich auch vor ihr nie schwach zeigen, ich könnte niemals vor meiner Mutter weinen.

Der Therapeut hat zu mir gesagt, ich hätte meine Mutter in mir. Sie könnte schon zehn Jahre tot sein, dann hätte ich immer noch dran zu knacken, wie jetzt auch. Mir wäre aber zumindest die Last genommen, mich gegen mein Gefühl um sie kümmern zu müssen und mich zu ihr äußern zu müssen. Denn davon kann ich mich nicht freimachen, daß ich das muß.

Meine Mutter würde es überhaupt nie begreifen, wenn ich mich zu ihrem Geburtstag oder Weihnachten überhaupt nicht rühre. Sie erwartet sogar, daß ich meinem Vater dann einen Brief schreibe, der sich zur Geburt seiner beiden Enkeltöchter überhaupt nicht geäußert hat. Und ich kann mich davon nicht freimachen. Ich denke immer, ich kann es meiner Mutter nicht antun. Vielleicht schiebe ich da irgendwas vor, vielleicht habe ich keinen Mut zur Auseinandersetzung, aber ich empfinde meine Mutter als so schwach und unterlegen, daß ich glaube, ihr das nicht zumuten zu können. Obwohl ich meine Mutter als fremd empfinde. Ich kann mir zu hundert Frauen, auch zu älteren Frauen, ein besseres und herzlicheres Verhältnis vorstellen als zu meiner Mutter. Was ganz Schlimmes: Irgendwie ekelt mich die Vorstellung, daß meine Mutter mich im Bauch gehabt hat.

Johanna A., 44, verheiratet, eine Tochter,
Schauspielerin:

*Ich möchte sie wie einen Christbaum
schmücken mit Glück . . .*

Ich fühlte mich von meiner Mutter immer geliebt, aber verstanden hab ich mich fast nie gefühlt. Bis ich dann irgendwann mal begriff, daß es an mir lag, weil ich Dinge erwarte, die sie mir gar nicht geben kann, weil die Intelligenz meiner Mutter ganz anders gelagert ist als meine. Meine Mutter ist, glaube ich, nicht wirklich in der Lage, mich zu begreifen. Sie hat ein Bild von mir, und solange ich dieses Bild erfülle, ist alles o.k. In dem Moment aber, wo ich mit Problemen komme, die sich aus meinem Charakter ergeben und aus meinen Erfahrungen, kann sie mir nicht helfen, weil sie diese Probleme gar nicht versteht.

Sie hat sich auch nie mit mir solidarisiert, wenn ich Schwierigkeiten hatte. Sie hat immer die Partei der anderen ergriffen, aus ihrem Bedürfnis nach Ausgleich, um mir dadurch klarzumachen, wie sie heute sagt, daß ich die Dinge vielleicht falsch sehe. Das hat mich furchtbar verletzt und hilflos gemacht. Wenn man ein ganzes Leben nur selbst schuld ist an allem, was schiefgeht, also ich meine, wenn die andere Seite das so sieht, das ist halt wahnsinnig schwer. Aber das hat wiederum ungeheure Früchte getragen in der Erziehung meiner Tochter, denn das erste, was ich mache bei Problemen, ist, mich mit ihr

61

zu solidarisieren. Darüber kann ich sie zur Einsicht bringen, falls nötig, aber ohne ihr Selbstvertrauen zu erschüttern. Denn daß sie Selbstvertrauen hat, war mir das Wichtigste von allem. Ich wollte nicht, daß sie in Situationen kommt, in denen ich dauernd war und immer noch bin, weil es mir eben fehlt.

Als meine Eltern heirateten, war ich fünf, denn ich bin ja nicht die richtige Tochter dieses Mannes, ich bin mit in die Ehe gebracht worden. Und ich nehme an, daß man mir damals nie geholfen hat, das zu bewältigen. Es muß eine wahnsinnige Eifersucht in mir gewesen sein, denn meine Mutter erzählte mir einmal, ich hätte damals gesagt, Mami, jetzt mußt du dir aber einen anderen Namen für mich ausdenken. Jetzt kannst du nicht mehr Liebling zu mir sagen, denn zu dem Mann sagst du ja auch Liebling. Sie hat gefragt, ja, wie soll ich dich denn nennen, und da hab ich gesagt, Herzenskind oder so.

Das hat sich alles wiederholt mit meiner Tochter. Die war vierzehn, als ich meinen zweiten Mann heiratete, und die hat sich die ersten sechs Wochen benommen wie eine gesengte Sau. Dann hab ich mich erinnert an meine eigene Situation und hab gesagt, du, ich kann das gut verstehen. Aber ich muß dir sagen, ein paarmal hast du dich schon so aufgeführt, wenn ein Mann in mein Leben kam, daß es nichts mit einer Verbindung wurde. – Was sich dann auch als ganz gut herausstellte, vielleicht hatte meine Tochter den richtigeren Instinkt. – Aber in diesem Fall bleibe ich hart, sagte ich ihr, diesen Mann möchte ich haben, den möchte ich heiraten, mit dem möchte ich leben, und wenn du dich nicht entschließen kannst, ihn wenigstens mal richtig kennenzulernen, dann mußt du in ein Internat gehen. Das war enorm von mir, aber ich war so verzweifelt, ich wußte gar nicht mehr, wie ich mich verhalten sollte. Das Gespräch bewirkte aber bei ihr, daß sie so ganz langsam und scheu hinter ihrer Verschlossenheit vorkam und sich diesen Mann anguckte und plötzlich feststellte, daß der ganz entzückend sei. Und nach einem halben Jahr waren die dick befreundet, die liebt ihn ganz fest. Nur, ihr hat man geholfen, dieses Problem zu überwinden, mich hat man damit, vielleicht, weil ich zu klein war, allein gelassen. Und ich glaube, daß daher diese wahnsinnige Muttergebundenheit bei mir kommt, denn die ist auch jetzt noch, würde ich sagen, überdurchschnittlich.

Dazu kamen damals kurze Zeit später die Brüder, da mußte ich sie dreimal teilen, meine Mutter, die mir jahrelang allein gehört hatte. Und dann der Vater, zu dem immer nur ein geringer Kontakt bestand und auch heute nur besteht. Der ist kein Vater, zumindest für mich nicht, der ist ein Lehrer, ein Vorbild, ein auf Distanz Liebender. Ich hatte überhaupt nie eine Chance, mit ihm umzugehen. Wenn ich mich richtig erinnere, so wurden wir Kinder dem Vater immer aus dem Wege geräumt, weil der immer beruflich im Streß war und Kinder eigentlich eine Zumutung waren. Ich hab mich von ihm nie geliebt gefühlt und auch nie geleitet, sondern eigentlich immer nur belehrt. Dazu von der Mutter nicht verstanden – das war schon schwierig. Nur ist mir das nicht so zu Bewußtsein gekommen damals. Das wurde mir erst klar, als ich mich fragte, warum hab ich eigentlich so Schwierigkeiten mit meinem Leben.

Mein Vater erträgt mich auch heute nicht im Haus, weil er dann meine Mutter mit mir teilen muß. Denn er begreift sehr gut, daß meine Mutter und ich uns jetzt glänzend verstehen. Auf so einer Basis, wo ich einfach viele Dinge ausklammere und keine Hilfe mehr von ihr erwarte. Und seit ich das kapiert habe, geht es wunderbar. Es ist nur ein bißchen traurig für mich, es war ein großer Einschnitt in meinem Leben. Es ist etwa acht Jahre her, da hatten wir mal ein entscheidendes Gespräch. Und da merkte ich, daß sie gar nicht begreifen kann, worum es geht. Ich sagte ihr zum Beispiel, daß ich ihre Beziehung zu meinen Brüdern, die beide jünger sind, als viel intimer und sich sorgender, als viel inniger empfunden hätte als ihr Verhältnis zu mir. Bei mir hieß es immer, die macht das schon, und ich war auch so erzogen, prima zu funktionieren. Eigene Bedürfnisse zu haben, sie zu formulieren oder gar durchzusetzen, das lerne ich jetzt langsam.

Ich bin schon mit sechzehn von zu Hause weggegangen, aber ohne mich innerlich zu lösen. Ich ging noch zur Schule, als mich jemand für die Bühne entdeckte, der suchte für die Rolle seiner Tochter ein junges Mädchen, wollte aber keine Schauspielerin haben. Und das hat mir riesigen Spaß gemacht. Vormittags ging ich in die Schule, und nachmittags probierte ich. Und als alle sagten, das ist eine große Begabung, blieb ich einfach dabei. Aber eine Ausbildung war da, wo meine Eltern lebten, nicht möglich. Also ging ich nach M., und da kam, glaube ich, der erste große Knacks. Ich war zwar weggegangen und in äußerlichen Dingen auch sehr selbständig, aber innerlich nicht. Und das habe ich nun dauernd überspielt. Ich lief mit ganz langen, rotlackierten Fingernägeln rum und rauchte aus einer langen Zigarettenspitze und fand mich irrsinnig schick und erwachsen und redete überall mit. Ich muß derart vorlaut und penetrant gewesen sein – alles nur aus dem Gefühl heraus, o Gott, hoffentlich akzeptiert man mich.

Als ich zum erstenmal geheiratet hab, war ich 19 oder sowas, und die Ehe hat nur ein Dreivierteljahr gedauert. Das war ein Mann, der im Grunde mein Vater auf schwäbisch ist. Der war 14 Jahre älter und für mich ganz offensichtlich eine Respektsperson. Daß der mich akzeptierte und liebte, fand ich einfach toll und hab mich gar nicht so drum gekümmert, wie der eigentlich war. Er hatte so diese herbe Männlichkeit, die mir imponierte, die sich auch so wohltuend von dem Gesäusel der Kollegen abhob. Daß der mich wollte, schien mir eine große Auszeichnung. Wie ich bis vor kurzem auch immer glaubte, mir alles verdienen zu müssen, und es mir heute noch, auch mit Freundinnen, schwerfällt zu glauben, daß man mich liebt, weil ich einfach so bin, wie ich bin.

Ich habe mich sehr oft und sehr heftig verliebt, das liegt in meinem Wesen. Und meine Mutter ging davon aus, das könne alles nicht stimmen, denn man verliebt sich nur einmal oder höchstens zweimal, dann ist es die große Liebe. Aber bei mir war es öfter, und ich muß sagen, dazu steh ich auch heute noch. Ich würde sagen, zehnmal in meinem Leben habe ich die große Liebe erlebt, und das hat meine Mutter mir nie geglaubt. Wenn ich sagte, Mami, ich hab mich verliebt, weil ich sie immer teilnehmenlassen wollte, dann hieß es, du sollst dich auf deinen Beruf konzentrieren, das ist wichtig, du darfst dich jetzt nicht verzetteln mit Männern. Es wurde immer abgewertet und ebenso die Unglücke, wenn man mich verließ. Und meistens bin ich verlassen worden, weil kein Mann diesem Übermaß an Zärtlichkeit und Zuwendung meinerseits gewachsen war. Heute begreife ich, daß ich jeden Mann davongeliebt habe. Aber die nachfolgenden Zusammenbrüche, das ging jedesmal wirklich um Leben oder Tod. Und das hat meine Mutter, weil sie es nicht nachvollziehen konnte, auch nicht akzeptiert, sie konnte mir also auch nie ein tröstendes Wort sagen, außer, das geht schon vorbei.

Aber bei meinen Brüdern, wenn sich da Liebeskummer einstellte, dann hat meine Mutter mit der Mutter der Freundin des Bruders telefoniert und hat gesagt, hören Sie, mein armer Sohn hat Magengeschichten, was ist denn mit Ihrer Tochter, können Sie nicht mal mit ihr reden oder was weiß ich. Da hat meine Mutter sich eingeschaltet, während es bei mir immer nur hieß, das wird schon nicht so schlimm sein. Ich bin zum Beispiel auch ganz anders zur Ordnung ermahnt und erzogen worden als meine Brüder. Bei denen sagte man, na gut, sind halt Männer, da räumt das Kindermädchen auf, und ich mußte selber aufräumen.

Ich könnte nie so eine Ehe führen, wie meine Mutter sie führt mit diesem schwierigen Mann. Vor ein paar Jahren hab ich sie mal dazu gebracht, mich zu besuchen, und sie wollte acht Tage bleiben. Das ging genau vier Tage, dann fing sie an, mein Gott, wie es ihm wohl geht und ob er auch was ißt und ob er sich richtig anzieht und ob der Hund rauskommt, und da hab ich gesagt, es hat keinen Zweck, fahr wieder heim. Ich halte es für falsch, daß eine Frau sich so zurückstellt, so bewußt. Sie sind jetzt 40 Jahre verheiratet, und sie sieht alles mit seinen Augen. Aber in der Konsequenz, wie sie es gemacht hat, finde ich es schon wieder bewundernswert. Ich weiß auch nicht, ob es objektiv so war, daß der Vater immer an der ersten Stelle stand, aber mir scheint es so. Nicht in ihrem Gefühl, in der Liebe wohl nicht, aber im täglichen Leben, in der Praxis, schon. Hinzu kommt, daß wir in der Kriegszeit großgeworden sind. Da hatten meine Eltern, wie alle, Existenzsorgen, und es war auch einfach nicht die Zeit, auf die Psyche eines heranwachsenden Kindes einzugehen, was wußte man denn damals davon. Die Kinder hatten mitzulaufen, hatten, eingebettet in die Familie, zu funktionieren. Heute ist es ja fast ins Gegenteil umgeschlagen. Wenn ich mich mit jungen Müttern über die Probleme ihrer Kinder unterhalte, dann wird mir fast schlecht, weil ich denke, nun macht doch nicht aus jedem Dreck eine Riesengeschichte.

Aber ich muß auch sagen, ich habe wohl wirklich ein überdurchschnittlich engagiertes Verhältnis zu meiner Mutter, ich litt unter Dingen, die andere Kinder vielleicht gar nicht bemerken. Sie ist so ein zentraler Wärmeofen, ein stark gefühlsmäßig betonter Mensch und ein gütiger Mensch. Sie ist ohne Arg, das bewundre ich an ihr. Und wenn ich jetzt bei ihr bin, einmal im Jahr oder manchmal auch nur alle zwei Jahre, dann hab ich ein ungeheures Bedürfnis, sie zu verwöhnen und sie fröhlich zu machen und ihr schöne Sachen zu schenken und mit ihr spazieren-zugehen. Ich möchte sie wie einen Christbaum schmük-ken mit Glück. Wenn ich da bin, blüht sie auf, das ist für mich irrsinnig schön zu sehen – natürlich auch, daß ich diejenige bin, die das bei ihr auslöst. Das ist auch nicht ganz uneitel von mir, das geb ich zu. Aber ich hab so ein bißchen das Gefühl, ich kann mich jetzt für vieles revanchieren. Das gibt es nie, daß ich einen Geburtstag oder einen Hochzeitstag oder irgendeinen Anlaß versäu-me, wo ich ihr ein Buch schicken kann oder Blumen oder sonstwas. Die Verbindung ist wirklich sehr, sehr eng, hat sich eben nur gewandelt. Von dem, der beschützt werden will, bin ich zu dem geworden, der beschützt.

Trotzdem ist es heute noch genauso wie früher: hast du genug gegessen, nimm den Schlüssel, komm aber nicht zu spät nach Hause, leg dich hin, sieh nicht so viele Freunde, verzettel dich nicht, achte auf dich. Es sind Sätze mit fast demselben Vokabular wie damals, als ich acht war, als ich fünfzehn war, als ich zwanzig war. Und wenn ich sag, ich komm um zehn nach Hause, und schaffe es nicht, dann rufe ich an, weil sie sich Sorgen macht. Ich habe ständig das Gefühl der Verantwortung ihr gegenüber.

Manchmal würde ich auch gern Freunde sehen, aber ich tue es nicht. Ich bin die Vormittage, wenn ich keine Probe habe, mit ihr zusammen. Weil ich mir auch sage, man weiß ja nicht, wie lange sie noch lebt. Es ist eigentlich schade um jede Stunde, die ich nicht mit ihr verbringe, weil die Beziehung so gut geworden ist, nachdem ich meine Erwartungen einfach realistischer gemacht habe. Weil ich mir eben sage, Punkt eins, zwei und drei sind zwar für dich lebenswichtig, aber das kriegst du nicht von deiner Mutter, jetzt kapier das mal. Wie du auch die Akzeptation, die du zum Leben brauchst, nie von dem Vater bekommen wirst, nie, nie, nie.

Ich glaube schon, meine Mutter hätte mich gern sehr viel weniger kritisch als ich bin, positiver. Ich bin ein Mensch, der die Dinge sieht, wie sie sind, und der eben nicht abschaltet im Fernsehen, wenn schlimme Bilder kommen, was meine Mutter macht. Sie hat sich ein Bild von Personen und Dingen gemacht, und dieses Bild kann sie nicht mehr erschüttern lassen, weil sie damit nicht fertig wird. Im Grunde lebt sie in einer Zeit mit moralischen Kategorien, die es überhaupt nicht mehr gibt. Früher wollte ich wirklich mit ihr darüber diskutieren. Da wollte ich sie einfach zwingen, die Wahrheit zu sehen, weil ich immer dachte, dann wird sie meine Position besser verstehen. Und heute tu ich das nicht mehr. Es tut mir zwar leid, weil ich mit ihr, wenn ich das jetzt mal ganz brutal sage, einfach ein bißchen reden muß wie mit einem Kind. Aber noch viel unfairer fände ich es, ihr Lebensbild, auch was mich betrifft, zu zerstören. Wenn sie anruft und fragt, wie geht es dir, dann sag ich, es geht mir gut. Es geht mir einfach gut, und dann ist sie glücklich. Wenn ich sag, es geht mir nicht gut, und ich hab Sorgen und Probleme, bringe ich eine große Unruhe in ihr Leben, und helfen kann sie mir sowieso nicht, weil sie mein Problem eh nicht verstehen würde. Sie hat mir zum Beispiel mal gesagt, wenn du nicht lernst, deinen Anspruch an Männer runterzuschrauben, wirst du eine alte Jungfer werden. Das war nach meiner ersten Ehe, da habe ich 14 Jahre allein gelebt, und das ist mir unvergeßlich.

Manchmal macht es mich so wütend, daß ich mit ihr nicht normal reden kann und sagen kann, nein, es ist nicht so, face reality. Warum geht das dann mit meiner Tochter und mir? Die ist heute 22, und wir sind gleichberechtigte Freundinnen, seit sie auf der Welt ist. Wie eine Zigeunermutter bin ich mit ihr durch die Lande gezogen. Hatte von Anfang an immer ein Mädchen mit Kind, damit meine Tochter nicht alleine aufwuchs. Und ich kann mich sehr genau erinnern an die Zeit, als sie klein war, so vier oder fünf. Wenn ich nach Hause kam von den Proben und todmüde war und sie auf mich zukam, dann hab ich sie angeschrien, hau ab, laß mich in Ruhe, und dann ging sie heulend raus. Und nachher bin ich hingegangen und hab gesagt, ich hab mich vorhin benommen wie eine Sau, entschuldige bitte. Es ist wirklich ekelhaft, aber ich hatte so Kopfschmerzen, daß ich es nicht mal fertiggebracht habe, dich freundlich zu bitten, rauszugehen. Und dann war das o. k. Ich habe nie so ein Mutterbild aufgebaut von Fehlerlos-sein, was meine Mutter heute noch tut. Es fällt ihr heute noch furchtbar schwer zuzugeben, das habe ich falsch gemacht. Und wenn sie es tut, dann sagt sie das mit so wehen Augen, daß ich denke, hätte ich doch bloß nichts gesagt. Während meine Tochter sagt, hör mal, du spinnst wohl, was machst du denn da, so kannst du doch nicht reden. Und das ist wunderbar.

Meine Tochter gibt mir auch Ratschläge, wie ich mit meinem Mann umgehen soll, und manchmal ist es ganz verdammt richtig, was sie sagt. Als sie vor einem Jahr aus dem Haus ging, das war entsetzlich. Aber ich bin immerhin so weit, daß ich sie habe gehen lassen, und ich bin nicht eine der Mütter, die jeden Tag schreibt und jeden Tag anruft, ich lasse sie anrufen, ganz bewußt. Von ihr kommt der sehr enge Kontakt. Wir haben uns im letzten Jahr nur dreimal gesehen, das allerdings mit einer Innigkeit und Zärtlichkeit, daß man uns als Liebhaber hätte bezeichnen können. Es gibt nichts, was sie nicht mit mir bespricht, und das ist ein unglaubliches Geschenk und Glück. Und zwar in einer ganz sachlichen, fabelhaften Form, selbst wenn es ums Schlafen mit ihrem Freund geht. Wenn da Probleme auftauchen, sagt sie, kennst du sowas? Und dann sag ich, ja, das kenne ich, oder ich sag nein, das kenne ich nicht. Also auch da können wir über meine Erfahrungen reden. Das hab ich nie mit meiner Mutter gemacht, auch heute nicht. Meine Mutter könnte bis zum heutigen Tag über sexuelle Dinge mit mir nicht reden. Und wenn ich mit ihr über gewisse Schwächen meines Mannes rede, dann schneidet sie das sofort ab und sagt, jaja, die Männer, schau schau. Frauen müssen eben schlucken, das mußt du nicht so wichtig nehmen, da ist es am besten, man schweigt. Und dann kommt es mir schon wieder hoch, und ich will ihr sagen, nein, Mami, es ist gar nicht am besten, man schweigt, sondern es ist viel besser, man diskutiert es aus. Und dann denke ich mir wieder, nein, wozu, es hat keinen Sinn.

Noch vor einem halben Jahr hätte ich gesagt, daß meine Tochter mir wichtiger ist als mein Mann. Heute nicht mehr. Aber sie ist der Mensch auf der Welt, der mich am besten versteht, inklusive Mann und Mutter. Und wenn ich ein Problem hätte, würde ich zu ihr gehen. Wobei ich fast das Gefühl habe, daß sie mich mehr liebt als ihren Freund. Das ist sehr gefährlich, und daran arbeite ich auch. Indem ich mich entziehe einerseits, eben nicht so oft anrufe, und andererseits offen mit ihr darüber rede. Ich versuche, mit daran zu arbeiten, daß sie sich von mir abnabelt, aber daß gleichzeitig diese ungeheure Feinfühligkeit füreinander bestehen bleibt.

Ich habe jetzt durch eine Freundin gehört, daß sie heiraten will. Erst hab ich mich gefragt, soll mich das jetzt treffen. Aber dann hab ich mir gesagt, das hat überhaupt keinen Sinn, daß es mich trifft, denn sie sagt es mir wohl nicht, weil sie sich wahrscheinlich noch nicht ganz sicher ist. Sie weiß, daß ich diesen Jungen gerne mag und auch in Ordnung finde, daß sie mit ihm lebt. Aber ich bin genauso überzeugt, wie meine Eltern es bei mir waren, daß die Ehe schiefgehen wird. Weil der Junge ihr einfach nicht gewachsen ist. Sie dominiert absolut, und sie will ihn heiraten, weil es bequem ist, mit ihm zu leben. Aber irgendwann wird ihr das zu langweilig werden. Irgendwann kommt der Punkt, wo sie gefordert werden will, und spätestens dann geht es auseinander. Ich würde ihr aber nie sagen, heirate nicht, weil ich weiß, daß es sinnlos ist, sie muß diese Erfahrung selber machen. Das einzige, was ich ihr sagen werde, ist, versuche, nicht gleich ein Kind zu kriegen. Denn damit, das weiß ich aus eigener Erfahrung, ist das Leben so unendlich viel schwerer. Und ich bin nicht bereit, daß das Kind dann bei mir geparkt wird. Aber passieren wird es dann doch, wie sie will . . . Nur, sie weiß, daß sie bei allem, was geschehen wird, auch, wenn es gegen meine Meinung ist, meine volle Unterstützung und mein Verständnis hat. Wo ich eben so oft in der Luft hing.

Ich bin wahrscheinlich in den Augen meiner Mutter jemand, der an zwei Enden brennt, und sie hat Angst davor, statt das einfach zu akzeptieren. Statt zu sagen, so ist es, versucht sie immer, mich zu bewegen, die eine Seite auszublasen, und das geht nicht, ich kann nicht auf halber Tour laufen. Meine Tochter ist zum Beispiel genau das Gegenteil, das ist vielleicht eine Abwehr, eine Reaktion auf mich. Die hat eine gesunde Lethargie. Aber ich hab nie versucht, ihr in den Hintern zu treten. Ich hab vielleicht schon mal gesagt, nun mach schon, aber nicht in der Grundstruktur. Die ist halt so. Ich muß nur aufpassen, daß sie innerlich nicht zu faul wird.

Interessieren würde mich nur, ob meine Tochter mich, wenn ich mal 70 bin, auch so schonend behandelt wie ich meine Mutter heute. Aber ich glaube nicht, daß sie sagen würde, um Gottes Willen, ich will da nichts zerstören, weil sie mich auch heute rannimmt wie einen Partner und sich wehrt. Dieses Menschenkind weiß halt, wo es steht. Die kennt ihren Platz, und ich kenne meinen immer noch nicht ganz. Ich kenn ihn besser, als ich ihn mit 30 kannte, ich beginne ihn zu orten. Aber ob ich das schaffe, bis ich sterbe, das weiß ich nicht.

Ulrike S., 36, getrennt lebend, Grafikerin:

*Wenn ich mal gesagt hab, ich zieh aus,*
*hat sie damit gedroht, daß sie sich was antut . . .*

Wenn meine Mutter mich anruft, dann hab ich unbewußt solche Aggressionen, daß ich nicht gerade frech bin, aber daß ich so richtig pampig antworte. Ich hab immer das Gefühl, sie will was von mir, sie erdrückt mich. Das ist eigentlich das Wort, meine Mutter erdrückt mich irgendwie. Das ist schon so, seitdem ich versucht habe, ein bißchen selbständiger zu werden, seit ich mit 20 meine zweite Ausbildung machte und Grafikerin wurde. Ich konnte das vorher nicht, weil meine Mutter kein Geld hatte. Da hieß es, du gehst auf die Handelsschule, und dann gehst du ins Büro, und da verdienst du dein Geld. Und dann hab ich durch Zufall einen Berufsgrafiker gefunden, der Schüler ausbildet, und das war praktisch der Anfang, mich ein bißchen freizuschwimmen.

Daß ich vorher nie machen konnte, was ich wollte, hatte bei mir auch noch andere Ursachen; als Kind und auch als Jugendliche war ich behindert durch schlechtes Hören. Ich war im Grunde immer ein Einzelgänger, auch in der Schulzeit war ich immer alleine. Immer lief ich mit einer Mütze rum und mußte mein Ohr zuhalten und konnte nichts verstehen, und wenn ich was verstand, verstand ich es falsch. Weil ich dadurch doch ein bißchen unbeweglich und gehemmt war, konnte meine Mutter immer alles für

75

mich machen. Das war für sie natürlich ganz günstig, das war so ein Alibi. Ich war praktisch auch mit 18 Jahren noch immer das kleine Kind. Ich kann mich zum Beispiel erinnern, als ich mich zum ersten Mal vorgestellt habe, ist meine Mutter mit mir gegangen. Hat zwar draußen gewartet, aber ist mit mir hingegangen. Ich habe auch nie irgendwelche Behördenwege alleine gemacht, das hat sie mir alles abgenommen. Und ich komme heute noch in die Kinderrolle rein, sowie ich das Haus betrete. Das fängt schon an mit so simplen Sätzen wie: Ulrike, nun zieh dir doch ein Hemd an, mußt du denn immer ohne Hemd gehen. Das sind so Kleinigkeiten, die nerven mich schon. Sie meint es ja gut, sicher, aber ich sag dann, Mutti, ob ich nun ein Hemd anziehe oder keins, laß mal meine Sorge sein, den Schnupfen hab *ich* nachher.

Meinen Vater hab ich eigentlich nie richtig bewußt erlebt. Er ist weggezogen, als ich so zehn Jahre alt war, und später haben sie sich dann scheiden lassen. Ich habe ihn praktisch immer nur zu Weihnachten und Ostern gesehen. Und weil er eben nicht da war, klammerte sich meine Mutter sehr an mich. Sie meinte das in ihrem Sinne natürlich nur gut, aber mir war es im Grunde zum Schaden, weil ich mich nicht entfalten konnte. Als ich dann anfing, die Lehre zu machen, habe ich es halt versucht, daß auch mal meine Meinung anerkannt wurde. Zu Hause bei mir war es nämlich immer so, daß ich nie was sagen durfte. Meine Mutter hatte einen Bekannten, der war Lehrer, und der war auch zu Hause Lehrer. Der hat zwar nicht bei uns gewohnt, aber er war jeden Tag da, und ich wurde auch noch von ihm erzogen. Er dozierte, und ich mußte mir das anhören und durfte keine eigene Meinung haben. Und als ich eben auf einmal anfing, meine Ellenbogen zu benutzen, gab es jeden Morgen am Frühstückstisch große Diskussionen mit meiner Mutter. Jeden

Morgen sind wir mit Zank und Streit aus dem Haus gegangen, und abends hat man sich dann wieder versöhnt. So ging das bestimmt ein, zwei Jahre lang. Einerseits wollte sie mich nicht verlieren, versuchte immer verzweifelt, mich an sich zu ziehen, und andererseits hörte ich nur Negatives über mich. Vor allem, daß ich jetzt anfinge, mich zu verselbständigen.

Ich hab auch nie ein eigenes Zimmer gehabt, sondern hab im Schlafzimmer meiner Mutter geschlafen, bis ich mit 24 geheiratet hab. Bis zu dem Tag hat sie mich praktisch ständig unter Kontrolle gehabt. Ich durfte auch niemals allein verreisen. Bevor ich zwanzig war, tat sich da überhaupt nichts, da war ich wirklich nur das Kleinkind zu Hause.

Und wenn ich mal gesagt hab, ich zieh aus, dann hat meine Mutter immer damit gedroht, daß sie sich was antut. Du kannst mich nicht allein lassen, und dir gehts doch gut und sowas. Sie hat mich wirklich voll in den Klauen gehabt. Ich war auch schon so weit, daß ich mich im Grunde gar nicht traute, wegzuziehen. Ich nehme an, daß ich auch Angst hatte, allein zu leben, weil meine Mutter mir so eine negative Einstellung zum Leben vermittelt hat. Sie selber hat ja auch immer Angst vor allem Neuen. Sie sieht in allen Lebenslagen nur das Negative und nie das Positive. Ich wurde praktisch zur Abhängigkeit erzogen, weil meine Mutter jemanden brauchte, an den sie sich klammern konnte. Ich nehme sie heute zum Beispiel noch nicht gerne in den Arm, weil sie in mir immer den Mann-Ersatz gesucht und die Zärtlichkeit bis zum Exzeß getrieben hat. Wenn meine Mutter mir einen Kuß gibt oder mich streicheln will, dann werde ich steif wie ein Brett.

Meine Großmutter, mit der wir auch noch zusammengelebt haben, ist dagegen eine sehr dominante und energische Frau. Die ist sehr resolut, sehr burschikos und sehr realistisch. Meine Mutter stand wirklich immer unter der Fuchtel ihrer Mutter, steht sie heute noch, mit ihren 65 Jahren. Die beiden leben immer noch zusammen. Das war bei uns praktisch ein Dreiweiberhaushalt, auch, als mein Vater noch da war. Ich begreife schon, daß der weggegangen ist.

Ich habe jetzt ein sehr gutes Verhältnis zu ihm. Ich hab ihn einfach mal angerufen und hab gesagt, wie ist denn das, können wir uns nicht mal sehen. Und heute verstehen wir uns phantastisch. Wir unterhalten uns auch über viele Dinge, die früher gewesen sind. Er hat ja immer versucht, mich zu erziehen, wenn er bei uns zu Besuch war, und da hat er natürlich oft danebengegriffen. Dadurch hatte ich in dem Moment immer einen Haß auf ihn, und dieser Haß wurde von meiner Mutter geschürt, weil die so enttäuscht von ihm war. Aber jetzt sind wir ein Herz und eine Seele, und mit seiner neuen Frau komme ich hervorragend aus. Das ist eine sehr selbständige Frau, sie ist meinem Vater haushoch überlegen, und sowas imponiert mir natürlich unheimlich.

Ausgezogen bin ich dann wirklich an dem Tag, als ich geheiratet habe. So wie mans früher tat. Von wegen mal vorher zusammenziehen und erstmal testen, ob man überhaupt zusammenpaßt, das lag überhaupt nicht drin. Das gab schon ein Affentheater, als wir mal gemeinsam verreisen wollten. Und nach der Hochzeit war das eben so, daß wir im Grunde vorgeschrieben bekamen, jeden Sonntag seid ihr dann bei mir. Was wir auch gemacht haben, das war unser Fehler.

Von dem Moment an, wo ich mit Christian zusammen war, wurde ich eigentlich meiner Mutter gegenüber noch aggressiver. Weil ich da nämlich dachte, verdammt nochmal, jetzt kann sie mich wirklich in Ruhe lassen! Aber da war es tatsächlich so, daß Christian der Beliebte war und ich das böse Kind. Einfach durch seine Art, weil er immer so verbindlich ist. Wenn er zu Besuch kam, dann zeigte er sich von seiner besten Seite. Er war immer der Sonny-Boy, und um Probleme aus dem Weg zu gehen, sagte er eben das, was meine Mutter hören wollte. Aber ich konnte das nicht mehr, ich wollte endlich auch mal anerkannt werden. Und ich habs wirklich im Guten und im Bösen versucht. Das ging manchmal so weit, daß sie geheult hat, wenn sie bei mir zu Hause war und Christian war nicht da. Wo sie praktisch schon in Hut und Mantel dastand und weggehen wollte. Was machst du in dem Moment, läßt du sie gehen? Das macht man nicht, lenkt man also wieder ein. Und meine Mutter hatte wieder gewonnen, ich mußte wieder klein beigeben. Sie rief auch fast jeden Tag an. Kannst du dir vorstellen, wie ich da reagiert hab, voller Zorn, voller Aggressionen? Christian saß im Nebenzimmer, und wenn ich dann aufgelegt hatte, sagte er, du hast wieder mit deiner Mutter telefoniert, nicht? Das hörte man schon am Tonfall. Und jetzt, wo wir uns probehalber getrennt haben, ruft sie natürlich erst recht jeden Tag an. Sie will alles wissen, was ich gerade tu, was ich gegessen habe, was ich morgen mache und so weiter. Ich komme mir manchmal vor wie zugeschnürt.

Ich hab versucht, ihr das zu sagen. Und da hat sie geheult, mich ein böses, undankbares Kind genannt und quasi gesagt, wir können uns ja auf ewig trennen, du brauchst dich überhaupt nicht mehr zu melden. Und dann kommt natürlich automatisch das schlechte Gewissen in mir hoch. Dann warte ich zwei, drei Tage, innerlich beklemmt, ängstlich, und dann rufe ich wieder an. Ich kann das einfach nicht, so hart sein. Aber dann ist nicht etwa eitel Freude, sondern dann ist sie die beleidigte Leberwurst. Und dabei ist das einzige, was ich will, mit ihr normal reden zu können, ganz normal, wie mit anderen Leuten. Ich sag zu ihr, ich hab dich wirklich sehr gerne, aber tu mir einen Gefallen und klammer dich nicht so an mich, und frag mich nicht dauernd irgendwas. Wenn ich dir was erzählen will, sag ichs dir schon. Aber es hilft nichts.

Meine Mutter ist niemals glücklich, sie hat nur Probleme. Sicher, sie kann mal lachen, aber eigentlich hat sie immer Sorgen. Dabei geht es ihr im Grunde gut, sie hat ein Haus, sie hat zwar nicht viel Geld zum Leben, aber andere Leute haben noch weniger Geld. Aber sie guckt immer gequält, sie lacht immer gequält, sie ist niemals so richtig ausgelassen und fröhlich. Und das belastet einen so, das ist manchmal so schlimm. Wenn ich mal so richtig gute Laune habe und fahr zu ihr, freu mich auch, daß ich hinfahre, dann haben wir spätestens nach zwei Stunden schon wieder so ein negatives Thema zu fassen. Ich rede dann immer über Gott und die Welt, da hört sie auch ganz interessiert zu, aber irgendwie findet sie immer einen Dreh, um gleich wieder in die negative Welt reinzurutschen, sei es in geldlicher Hinsicht oder über die schlechten Menschen, über Tod und Krankheit oder weiß der Teufel was.

Ich weiß gar nicht, wie meine Mutter das fertiggebracht hat, aber im Grunde könnte man fast sagen, sie hat mir auch Angst gemacht vor den Männern. Sie hat die Männer immer als sexwütig dargestellt. Ich weiß nicht, was sie für ein Verhältnis zu meinem Vater hatte, wie das gelaufen ist, wahrscheinlich nicht sehr rühmlich und sehr doll. Sie hat mal gesagt, sie hätte meinen Vater nie nackt gesehen, wenn er mit ihr geschlafen hätte. Sie hätten immer vorher das Licht ausgemacht, was mich sehr schockiert hat. Ich hab das Gefühl, daß sie praktisch erst von ihrem neuen Bekannten aufgeklärt worden ist.

Dadurch hab ich auch nicht gerade ein sehr freies Verhältnis zur Sexualität. Ich habe sehr darunter zu leiden gehabt, weil ich solche Hemmungen hatte. Aber das kommt sicher auch ein bißchen dadurch, daß ich in dieser Dreierverbindung mit Mutter und Großmutter, ohne Bruder, ohne Vater, aufgewachsen bin. In der Tanzstunde hab ich solche Angst vor Männern gehabt, das kann man gar nicht beschreiben, mir stand der Angstschweiß auf der Stirn. Nur die erste Berührung mit einem Mann – das war ein fremdes Wesen, von einem anderen Gestirn.

Sie hat mich auch so erzogen, daß der Mann der Große ist. Der Mann hat das Sagen, auch, was die Ehe anbetrifft. Der Mann hat die Verantwortung zu tragen, und du bist, ganz grob gesagt, für Kind und Haushalt zuständig. Das ist praktisch das Ideal meiner Mutter gewesen, und so hat sie sich das auch für mich immer vorgestellt. Obwohl sie es selber ja auch nicht so hatte, aber sie hat daraus nicht gelernt. Sie hat gedacht, ich heirate einen reichen Mann, wo ich mich in ein gemachtes Bett setze, dann Kinder gebäre, den Haushalt führe und vielleicht, weil es Spaß macht, noch ein bißchen arbeite. Sie hat sich nie vorgestellt, daß man vielleicht in seinem Beruf auch Karriere machen könnte als Frau, sondern sie hat das immer so gesehen, der Mann macht Karriere und die Frau profitiert davon.

Mir machte das auch gar nichts aus, abhängig zu sein, ich empfand das überhaupt nicht so. Ich bin eigentlich ein Typ, der sich unheimlich gut anpaßt, wenn da eine dominante Person ist. Ich kann mich auch unterordnen, ohne daß ich ein schlechtes Gewissen hab und sag, o Gott, der unterdrückt mich. Das habe ich nie so empfunden, ich fand das sogar ganz angenehm. Aber Christian hat mich ständig darauf aufmerksam gemacht, verdammt nochmal, nun werd doch endlich mal selbständig. Das waren so ganz simple Sachen, die ihn störten, daß ich zu Hause saß und wartete, wenn er was vorhatte, und nicht mal selber was unternommen habe oder mich mal verabredet habe und gesagt, ich komme heute nicht. Obwohl ich eigentlich gar nicht das Bedürfnis hatte, das erschreckte mich nur. Im Zorn hat er mir mal vorgeworfen, du bist genau wie deine Mutter. Das war eigentlich das Brutalste, was Christian mir je gesagt hat, muß ich ganz ehrlich zugeben, denn genauso will ich eben nicht sein. Um mir zu helfen, mich von ihr zu lösen, sagte er mir so was, weil ich vermutlich oft genau das getan hab, was meine Mutter bei mir getan hat. Ich war mir dessen aber nicht bewußt und wollte das auch gar nicht. Leider hab ich dann auch mal gesagt, ich bring mich um, wenn du mich verläßt. Das war bestimmt nicht richtig. Aber ich glaube, ich wäre dazu in der Lage, ich hab schon mal eine Glasscherbe in der Hand gehabt. In dem Moment bin ich dann so verbittert und so schockiert, daß bei mir im Kopf was aussetzt, dann bin ich gar nicht mehr voll da. Und aus der Situation heraus bin ich, glaube ich, leider in der Lage, so was tatsächlich zu machen. Im vollen Bewußtsein nicht, aber durch solche Schockwirkung schon.

Gerade in der letzten Zeit, seit unserer Trennung, geht mir das natürlich ständig alles durch den Kopf, und ich versuche zumindest, das irgendwie zu packen. Ich muß es einfach schaffen. Ich glaube schon, daß ich ein selbständiges Wesen bin, und ich wirke nach außen hin auch so. Nur ich meine, einem Menschen gegenüber, den ich sehr gern hab, da will ich mich gar nicht so aufspielen, sondern da möchte ich, daß alles harmonisch ist, und da kann ich mich auch unterordnen, ich schade mir ja nicht dabei.

Ich habe schon Angst, allein zu sein, und ich glaube, das resultiert daher, daß ich nie alleine gelebt habe. Jetzt ist es ja praktisch das erste Vierteljahr, wo ich ganz alleine bin.

Und ich glaube, daß ich mich schon wieder ganz schön berappelt habe und daß das auch schon eine ganze Menge gebracht hat. Aber die Vorstellung, immer allein zu leben, fällt mir noch schwer. Ich bin kein Einsiedler, ich will das auch gar nicht, ich brauch einfach die Kommunikation, und ich brauch eben auch eine feste Kontaktperson.

Ich habe jetzt meinen Job gekündigt, weil ich da nicht weiterkommen kann, ich möchte gern was anderes machen. Wie das alles wird, weiß ich noch nicht, da muß ich mich so langsam reintasten. Aber ich fühl mich wohl dabei. Früher hatte ich ja ständig Angst, was Neues zu machen. Diesmal gehe ich einfach weg und freu mich sogar drauf. Als ich damals mit der Lehre als Grafikerin anfing, habe ich ja das eine Ohr operieren lassen, und da bin ich im Grunde schon ein anderer Mensch geworden. Und jetzt finde ich es eigentlich an der Zeit, das andere auch operieren zu lassen . . .

Ich hab meiner Mutter gesagt, daß ich das, was ich jetzt tue, aus eigenem Antrieb mache und keine anderen Ratschläge haben möchte. Sie sagt mir natürlich immer, wenn du allein bist oder dich allein fühlst, dann komm doch zu mir, da bist du aufgehoben. Und da hab ich jetzt, glaub ich, das andere Extrem, daß ich sag, nein. Jetzt bin ich allein, und jetzt koste ich das aus, und wenn ich mich noch so dreckig fühle.

Ich glaube, daß ich in letzter Zeit viel gelernt hab über ihre Macken, daß ich vielleicht mehr über den Dingen stehe. Ich denke immer, die kann nichts dafür. Das ist meine Art, damit fertigzuwerden. Ich könnte ihr nicht sagen, hör mal zu, laß mich in Ruhe, und wenn nicht, dann sehen wir uns nicht mehr. Da tut sie mir wieder zu sehr leid. Ich glaube, man kann sich nie ganz von der Mutter lösen, vielleicht will man es auch gar nicht.

Beate F., 31, ledig, PR-Beraterin:

*So Mutter als Synonym für:*
*Da kannst du immer hin . . .*

Als meine Mutter gestorben ist, war ich sechzehneinhalb. Das war ein ungeheurer Schock, das hätte ich niemals geglaubt. Zum einen bin ich, das ist sicher eine Randerscheinung, von Stund an aus dem Religionsunterricht ausgetreten und dann aus der Kirche, als ich es konnte. Daß Gott die Mutter sterben läßt, das habe ich überhaupt nicht kapiert. Wir waren eine sehr unchristliche Familie, und ich war eigentlich sehr gläubig. Ich fand das alles ganz toll, so im Mädchenkreis und so. Und plötzlich habe ich gedacht, das kann es nicht geben, das kann nicht sein, wie man in dem Alter eben denkt. Das war der eine Effekt, der bis heute andauert, und der andere war, daß ich irgendwo immer eine Mutter gesucht habe, so einen Partner als Mutter.

Ich habe niemals für ältere Männer geschwärmt, wenn, dann mußten die gleichaltrig sein, vielleicht drei Jahre älter. Aber immer für ältere Frauen. Für meine erste Klassenlehrerin zum Beispiel, das ist üblich bei Mädchen in dem Alter, aber die ähnelte meiner Mutter auch im Typ. Und später suchte ich immer so ein bißchen das Idealbild einer jungen Mutter, weil meine Mutter ja ziemlich alt war, sie war 33, als ich kam. Irgendwo habe ich mir immer, als ich so 20 war, eine Mutter Mitte 30 gewünscht, so irreal. Das war immer mein Traumbild, das hat sich wohl bis heute irgendwo erhalten. Ich kann ungeheuer schwärmen für Leute, ich schwärme für Lilli Palmer, früher für Ruth Leuwerik, es müssen immer solche Frauen sein.

Dabei hatte ich eigentlich überhaupt kein Verhältnis zu meiner Mutter, obwohl das ein bißchen doof klingt. Weil meine Mutter morgens um halb acht das Haus verließ. Die hatten ein Blumengeschäft, bis sieben war das offen, und wenn sie nach Hause kam, mußten wir ins Bett. Sonnabends war auch bis sieben offen und Sonntag vormittags. Insofern war da nicht viel Zeit.

Dazu kommt, daß meine Mutter aus einer Familie mit drei Töchtern stammt, meine Großeltern mit im Haus wohnten und meine Großmutter ihr Leben lang Vorwürfe gehört hat, daß sie nur drei Mädchen hatte. Und daß meine Mutter unheimlich stolz war, daß sie einen Sohn zustande gebracht hatte. Was ich von ihrer Psyche her verstehen kann, daß sie darauf stolz war. Ich habe eine Schwester, die ist fünf Jahre älter als ich, und dann kam mein Bruder, der ist drei Jahre älter. Für meine Mutter war das die Erfüllung, diesen Sohn zu haben. Zu meiner Schwester hatten meine Eltern wohl beide keine richtige Beziehung, zu meinem Vater hatte ich eine, weil ich das einzige Nachkriegskind bin, ich bin 47 geboren. Dadurch hat er mich als einzige als kleines Kind miterlebt, so kann ich es mir erklären. Im Grunde war ich der erklärte Liebling meines Vaters, meine Mutter hatte mich überhaupt nicht auf der Rechnung.

Ich war als Kind unheimlich eifersüchtig auf meinen Bruder, weil der eben der einzige Sohn war, der Kronprinz, unser Erbe, und du sollst mal . . . Als Kind kriegt man das ungeheuer mit, ich glaube, daß man da unbewußt immer die Mutter haben will. Und wenn man merkt, eigentlich kommt man bei der Mutter nicht so recht über, sondern der Bruder – jedenfalls fing ich an, meinen Bruder zu kopieren. Ich bin nur in Hosen gegangen, war immer sehr burschikos, sehr aufmüpfig, sehr schlagfertig und wollte immer meinem Bruder gleich sein. Ich wollte auch ein Luftgewehr haben. Ich habe auch auf Spatzen geschossen, hatte natürlich auch einen eigenen Turmfalken, mein Bruder hatte einen Bussard. Logisch, daß ich so ein Ding hatte.

Wir haben zu Hause zwei riesenhafte Pappeln, die sind höher als die vierstöckigen Mietshäuser rundrum. Und die sollten mal gekappt werden, weil man Angst hatte, im Sturm würde was runterfallen. Mein Bruder war damals Pfadfinder und kernig, kletterte rauf mit einer Säge, und als er oben an der Spitze war, sah meine Mutter das. Rannte auf den Hof, schrie meinen Großvater ran, hol sofort den Jungen runter, ich habe nur den einen. Das werde ich nie vergessen, ich sehe das heute noch vor mir. Da war ich vielleicht sieben oder acht. Ich hör den Tonfall noch, das ist ungeheuer. Eigentlich ist es eine ganz winzige Begebenheit, aber das hat mir damals, glaube ich, allen Boden unter den Füßen weggezogen.

Ich war immer ein großes Schmusetier, mit meinem Vater, mit meiner Großmutter, aber mit meiner Mutter eigentlich nicht. Das weiß ich noch sehr genau; wenn ich mal ins Geschäft kam, das war einen Kilometer entfernt vom Haus, wenn ich tagsüber aus der Schule kam oder so und wenn ich meiner Mutter dann um den Hals fallen wollte, dann schob sie mich immer beiseite und sagte, Kind, hier nicht. Was mich maßlos getroffen hat. Im Geschäft durfte das eben nicht sein.

Ich weiß auch noch wie heute, als ich meine Tage kriegte und überhaupt nicht wußte, was das ist. Da zog ich mich aus, um zu baden. Meine Mutter räumte wie immer die Sachen weg und schrie durch die Wohnung, Katja komm mal schnell, die Kleine hats jetzt auch! Das war alles, nichts erklärt. Und dann kam meine Schwester und verpaßte mir dieses Beiwerk, das man da so kriegt, und das wars dann. Ich hab auch nicht gefragt, das war mir peinlich, wenn man merkt, die Familie ist prüde. Ich glaube, ich habe meine Eltern nicht mal irgendwann Händchen halten gesehen. Ich habe immer gesagt, die machen alle Vorhänge zu und das Licht aus und dann einmal im Monat, ganz schlimm. Ich habe heute sicher auch ein sehr merkwürdiges Verhältnis zu manchen Dingen. Ich kann es überhaupt nicht leiden, halb angezogen rumzulaufen, wenn jemand kommt, das ist mir unangenehm. Ich gehe auch sehr ungern an den FKK-Strand, sehr ungern in eine gemischte Sauna, das finde ich äußerst unangenehm. Dieses enge Körperliche mag ich nicht.

Dabei war meine Mutter ein ungeheuer liebenswerter Mensch, wahnsinnig lieb, wahnsinnig freundlich, wahnsinnig lustig, und wurde immer nur gedrückt. Sie war eigentlich eine sehr intelligente Frau, sie hatte mittlere Reife, und dann mußte sie Blumenbinderin lernen, wie das früher so war. Mein Vater hatte auch mittlere Reife, der mußte Gärtner lernen. Und bei beiden hatte ich immer das Gefühl, die hätten sehr viel mehr aus sich machen können, wenn sie nur die Chancen gehabt hätten.

Es wurde auch nie viel geredet bei uns, das gabs nicht. Ich glaube, daß heute ohnehin sehr viel mehr thematisiert wird als in den 50er Jahren. Meine Eltern wären mit Sicherheit auch nicht die Typen gewesen, aus ihrer eigenen Erziehung heraus. Meine Mutter war dermaßen unterdrückt von ihrem Vater, wie gesagt, eine alte Gärtnerdynastie, wie das auf dem Lande so ist. In einem Haus leben, er war der Chef, bis er 70 war, mein Vater war wiederum Angestellter bei ihm. Ich wohnte bei meiner Großmutter, die sicher viel mehr meine Mutter gewesen ist. Die echte, meine Mutter, kam sehr oft rauf abends, saß bei meiner Oma und heulte über meinen Vater und meinen Großvater, über das Leben an sich. Ich kriegte das immer durch die geschlossene Tür mit, und sie tat mir unendlich leid.

Ihr Verhältnis zu ihrem Mann und zu ihrem Vater haben wir sehr früh mitgekriegt. Ihr Vater und ihr Mann sind beide Krebs im Sternbild, und sie sagte immer, wenn ihr mal heiratet, niemals einen Krebs. Heiratet lieber gar nicht als solche Kerle. Zu meiner Großmutter sagte sie dann mal, hast du deinen Mann geliebt? Dann sagte sie, ach Kind, das war früher alles nicht so. Er kam aus einer Gärtnerei und ich auch, und das paßte alles so schön. Bei meiner Mutter wußte ich, daß sie meinen Vater mal ungeheuer geliebt hatte, er war ein sehr schöner Mann. Ich glaube, sie hing sehr an ihm, und er war ein völlig anderer Typ, er war kein Mann für sie. Er war zuwenig lieb, zuwenig liebevoll, und meine Mutter liebte eigentlich so einen weichen Mann, und mein Vater ist so knackig, Offizier gewesen im Krieg, so zack, zack. So nach Gutsherrenart. Mein Vater mochte gern einen Krimi, meine Mutter sah Heimatfilme. Als sie im Krankenhaus lag, wollte sie ihn auch nicht sehen, damit er ihr nicht noch mehr weh tat, weil er mit ihr nichts anfangen konnte. Das habe ich mitgekriegt. Sie sagte, er soll nicht kommen, sie will ihn nicht sehen. Sie hat vor ihrem Tod ein halbes Jahr im Krankenhaus gelegen. Dieses Krankenhaus war direkt an meiner Schule, da bin ich jeden Tag hingegangen. Ich habe nur Larifari geredet, über die Schule und so, über mich selber oder sie selber überhaupt nicht. In der Zeit habe ich angefangen, mit ganz kleinen Schritten eine Beziehung zu ihr zu bekommen, weil ich sie das erstemal allein hatte. Mein Bruder war zu der Zeit in B., der war nicht zu Hause, und sie hatte niemand anders.

Ich glaub, daß es eine große Auswirkung hatte, daß meine Mutter so früh starb. Diese Ohnmacht vor dem Erwachsensein, ich weiß nicht, ob das anderen auch so geht. Dieses Dasitzen manchmal und denken, verdammt nochmal, du bist jetzt 31, wenn du früher gehört hast, es ist einer 31 . . . Ich kann nur sagen, ich kriege einen Horror vor der Verantwortung, vor der ich jeden Tag stehe, und denke, das kannst du alles gar nicht, wie bist du überhaupt in der Lage, das zu machen. Die simpelsten Sachen, eine Miete zu überweisen, oder ich sehe mich in der Wohnung um, daß die eingerichtet ist, und denke, das kann gar nicht sein, dabei hat dir keiner geholfen. Das ist eine unendliche Ohnmacht. Und dann hat man eine ganz schwarze Phase und merkt auf einmal, das ist schon tausendmal gesagt worden, dieser Blick auf die Straße sähe genauso aus, wenn du nicht existieren würdest. Es würden genauso im Iran Leute erschossen, es würden genauso in der Wüste Leute verdursten, es würde genauso die Nachbarin nebenan vereinsamt sein oder Säuferin sein oder unglücklich sein.

Es fehlt so ein Rückhalt, ich merke das immer. Ich lebe mit einer Freundin zusammen, die ist zehn Jahre älter als ich. Da fühle ich mich immer als die große Starke, was auch sicher der Fall ist. Die hat ihre Mutter noch, und die hat so ein enges Clinchverhältnis zu ihrer Mutter, was sie furchtbar nervt. Aber sie hätte immer eine Rückzugsmöglichkeit, egal, was passiert, ob sie aus dem Job fliegt, ob sie verunglückt, sie hätte eine Rückzugsmöglichkeit, die ich nicht habe. Ich glaube, das ist so Mutter als Synonym für: Da kannst du immer hin. Da mußt du dich nicht großartig darstellen, nicht verteidigen, sondern da kannst du sein. Ob das in der Praxis wirklich so ist, das kann ich ja nicht beurteilen, ich merke nur, wie ich mir das immer vorstelle. Mein Vater lebt ja noch, aber das ist mein Vater für mich überhaupt nicht, da geht dieses Wieder-Kind-sein-können nicht.

Auf der anderen Seite hat man es sicher auch leichter, wenn die Mutter nicht mehr da ist, das empfinde ich auch ganz stark. Ich bin zum Beispiel absolut sicher, daß ich sonst niemals das geworden wäre, was ich bin, beruflich. Mein Vater wollte, daß ich Volksschullehrerin werde. Da habe ich gesagt, ich gehe, da war ich 20. Und da hat er gesagt, wenn du gehst, kriegst du keinen Pfennig. Ich hab gesagt, ich gehe trotzdem. Ich bin hundertprozentig sicher, daß meine Mutter, mit welchen Druckmitteln auch immer, gesagt hätte, du bleibst. Ich glaube, ich hätte mich gegen meine Mutter nicht durchgesetzt, überhaupt, in einer funktionierenden Familie, da wäre ich garantiert geblieben, wäre Lehrerin geworden und säße heute im finstersten Niedersachsen. Diese Oppositionshaltung wurde mir sehr erleichtert, bei dem blöden Verhalten meines Vaters konnte ich immer auftrumpfen. Und diese Selbständigkeit habe ich sicher weit mehr als meine Schwester, die älter ist und 21 war, als meine Mutter starb. Die war zu Hause, hat zu Hause gewohnt und die Lehre gemacht. Dann hat sie ihren Typen kennengelernt, den kannte sie fünf Jahre, und dann hat sie den geheiratet. Bei der sag ich immer, du bist von einem Mutterschoß in den nächsten gefallen. Die ist wirklich von einem Herd an den nächsten gekommen. Sie hat immer gearbeitet, das ist nicht der Punkt, aber sie hat niemals für sich sorgen müssen, niemals sich einrichten müssen, es wurde ihr immer alles geboten.

Wenn ich die heute angucke, wenn ich mit ihr telefoniere, dann kriege ich einen Anfall. Dann denke ich immer, bei allen Schwierigkeiten, die ich mit mir habe und hatte, so möchte ich nicht sein. Das ist alles so stinknormal, so was von eng und begrenzt und ohne jede Perspektive. Ich weiß nicht, was die in ihrem Leben überhaupt jemals für Perspektiven gesehen hat. Hat zwei Kinder, die sind ganz lieb und reizend und freundlich, und einen netten Mann, und nun kann sie warten, bis die Kinder erwachsen sind. Und wenn sie 50, 55 ist, wird sie eine verbitterte Alte, die ihrem Mann das Leben zur Hölle macht und, weil die Kinder aus dem Haus sind, seine Socken stopft oder ich weiß nicht was.

So theoretisch könnte ich mir das auch vorstellen, daß ich Kinder haben wollte, aber ich will keine. Weil ich selber vor dieser Welt viel zuviel Angst habe, mich selber viel zu sehr ausgesetzt fühle in dieser Welt. Ich empfinde diese Lebensangst für mich als ziemlich stark, ich glaube, die hätte ich dann noch viel mehr, weil ich dann die Ängste für zwei hätte. Ich habe einen Kater, an dem ich sehr hänge, den habe ich dreieinhalb Jahre. Was ich an diesem Vieh hänge, und was ich mir für Gedanken mache, wenn ich abends nicht pünktlich nach Hause komme! Da frag ich mich, was sollte ich erst bei einem Kind denken? Wenn ich mir vorstelle, jemand würde meinem Kater auch nur ein Haar krümmen, wie mir das weh täte! Obwohl, so einen Kater kann ich schützen. Aber wenn ich ein Kind hätte und irgend jemand täte dem weh – wie auch immer, davor hätte ich Angst.

Als meine Mutter im Krankenhaus war, merkten wir irgendwie, daß da bei meinem Vater schon was anderes lief. Er sagte zum Beispiel, ich geh zum Kegeln, und am nächsten Tag sagte er, beim Kegeln war ich auch schon ewig nicht mehr. Meine Mutter ist am 28. November gestorben, und Silvester, einen Monat später, hat er mit seiner Freundin irgendwo gefeiert, was wir nicht sehr witzig fanden, sondern ziemlich geschmacklos. Und dann hat er aber das Trauerjahr exakt abgewartet und im Januar geheiratet. Ich fand die Frau fürchterlich, ganz einfach deshalb im ersten Moment, weil sie auch noch aus Sachsen kam, was ich nicht ausstehen konnte. Heute finde ich es lustig, aber früher fand ich sächsisch einfach abartig. Im Grunde ist sie ein Typ wie meine Mutter, was alle Leute immer sagen. Nicht in der Art, aber im Äußeren. Mein Bruder war damals zutiefst getroffen, und meine Schwester hat sie gehaßt. Das könnte ich nicht sagen, ich habe eigentlich meinen Vater gehaßt. Und als sie dann heirateten und vom Standesamt kamen, sagte meine Schwester, wenn Sie jetzt glauben, ich wünsche Ihnen Glück, dann haben Sie sich geirrt. Und dann sollten wir sie duzen und mit Vornamen anreden, und ich weiß sehr genau, daß wir alle drei sie ein Jahr lang nicht einmal angeredet haben.

Ich hab ihr die Art und Weise nicht verziehen, ich fand es unmöglich, daß sie ein Verhältnis mit meinem Vater hatte, während sie wußte, daß meine Mutter mit Krebs im Krankenhaus liegt. Das fand ich einfach unfair. Das habe ich ihr auch später sehr oft gesagt, und das hat sie auch zugegeben. Heute ist es so, daß mein Bruder und ich, meine Schwester nicht so sehr, sie weit mehr lieben als meinen Vater und sie auch verteidigen gegen meinen Vater und sie aufmuntern, daß sie mal Putz macht, sich behauptet. Sie hat mir mal gesagt, ich liebe dich von euch Kindern am meisten, weil du deinem Vater am ähnlichsten bist. Da habe ich ihr gesagt, das ist die größte Beleidigung, die du mir zufügen kannst. Sie meinte es natürlich lieb.

So eine Ersatzmutter ist sie für mich nie geworden, obwohl ich das, glaube ich, immer gewollt hab irgendwie, aber sie nicht. Sie hatte nie Kinder und wollte immer die große Freundin sein, Mutter wollte sie nie sein. Ich weiß, daß ich ihr nach Jahren mal was zum Muttertag geschenkt habe, und das fand sie nicht gut, das wollte sie nicht, sie wollte nicht Mutter sein.

Aber als ich vor vier Jahren hier meinen Job anfing, hatte ich eine Kollegin, die am gleichen Tag anfing wie ich. Die war 51, selbst Mutter von zwei Töchtern, die eine zwei, die andere sieben Jahre jünger als ich. Diese Frau mag ich wahnsinnig gern. Ich nenne sie Muttern. Mutter könnte ich nicht sagen. Mit der und inzwischen auch mit ihrem Mann bin ich sehr eng befreundet, wir haben auf dem Lande zusammen eine Wohnung. Die hat einen ungeheuren Charme, heute noch, einen mädchenhaften Charme. Eine Art, wo jeder sagt, ist das eine sympathische Frau, so mütterlich, wahnsinnig lieb.

Irgendwann in der Schulzeit habe ich mal gemerkt, daß ich eine Klassenkameradin ungeheuer mochte. Mir eigentlich nie etwas Körperliches vorstellte, sondern die einfach gern mochte. Die wußte bestimmt schon, wo's langging, davon bin ich überzeugt. Und dann auf einer Klassenreise, da lag sie eines Abends bei mir im Bett. Nun war es das erste Mal, daß jemand auf einmal körperlich da war, und da dachte ich, komisch, wie du da innerlich reagierst. Und da ahnte ich dann, was los ist mit mir.

Sinnigerweise sind meine Geschwister früher auf eine gemischte Schule gegangen, und bei mir hieß es, du bist sowieso ein halber Junge, du mußt auf ein reines Mädchengymnasium. Was die schwachsinnigste Entscheidung war, die ich mir überhaupt vorstellen kann, um dem entgegenzuwirken. Was natürlich auch genau das Gegenteil bewirkte. Ich war in der Schule immer irgendwie ein Paradiesvogel, in der reinen Mädchenschule immer eine Ausnahme, hatte immer eine Sonderstellung. Das habe ich meiner Mutter zwar nie direkt, in mir selber aber später sehr vorgeworfen. Ich glaube, wenn ich in einer gemischten Schule gewesen wäre, hätte ich sicher ganz normale Umgangsformen bekommen. Ich hatte ein bißchen Vorsprung durch meinen Bruder, aber wie ich mit Männern umgehen sollte, so von weiblichem Kokettieren bis zum Ich-weiß-nicht-was – keine Ahnung. Ich war, wenn überhaupt, immer der gute Kumpel, das konnte ich durch meinen Bruder.

Außerdem war ich mit 13 schon einsachtzig groß, ich bin danach nicht mehr gewachsen. Und dann war ich 20 Pfund dicker als heute, so mit 16, 17, in der Pubertät. Und ich hatte eine Brille. Einsachtzig, 140 Pfund, Brille, und meine Mutter bestand zur Konfirmation auf Dauerwelle. Ich sah so abartig aus, und diese Knaben in der Tanzstunde, die konnten mir alle unterm Arm durchlaufen, die waren alle so klein. Darunter habe ich wirklich ganz extrem gelitten, wie jeder, glaube ich, in dem Alter. Ich hatte ungeheure Komplexe und versuchte die immer zu kompensieren durch Kumpelhaftigkeit. Ich kam mit allen sehr gut aus, durch Nettigkeit und Freundlichkeit und irgendwo auch durch zur Schau getragenen Tiefgang. Das war die große Lyrik-Phase, man hatte dann die Hesse-Phase und Tagore-Phase, und ich versuchte, mich dadurch interessant zu machen. Es fiel mir verdammt schwer, Jungs, die ich mochte, für mich zu interessieren. Die haben sich totgelacht, wenn sie mich gesehen haben, und dann hatte ich auch noch diese Stimme, das kam ganz erschwerend dazu. Ich hab als Kind schon Knoten in den Stimmbändern gehabt und hatte immer eine etwas tiefe und nebelhafte Stimme, so belegt. Wenn meine Schwester mich ärgern wollte, die nannte mich entweder Brillenschlange oder Nebelkrähe, das war schlimm.

Wenn ich die dann aber so weit hatte, die Knaben, ab und zu kam es dann so weit, daß man merkte, die interessieren sich, dann hab ich irgendwann gedacht, das ist doch komisch, jetzt interessiert mich der Typ gar nicht

mehr. Irgendwo wollte ich den auch gar nicht mehr sehen,
das war alles ganz nett, aber irgendwo war es mir dann
körperlich unangenehm. Ich hab dann ziemlich gekämpft
mit mir, ob oder ob nicht, aber dann war es ganz simpel.
Als ich mit 21 hier nach M. kam, lernte ich in den ersten
zwei Wochen ein Mädchen kennen, und dann funkte das
irgendwie, und dann hab ich mit der fünf Jahre zusammengelebt.

Irgendwann so mit knapp 23 habe ich mir dann mal
richtig überlegt, also, so geht das doch nicht weiter. Da
habe ich gedacht, nun mußt du das andere doch auch mal
versuchen. Und es gab so einen Typen hier an der Uni, den
ich zauberhaft schön fand und überhaupt, und es war auch
nicht sonderlich schwer, ihn dahin zu kriegen. Ich hab
allerdings erst nachher gemerkt, daß der gedacht hat, die
nimmst du mal mit. Am nächsten Tag grüßte er mich
kaum, da war ich schwer geschockt. Dann dachte ich aber,
Gott, man kann es ja nicht generalisieren, das lag
vielleicht an ihm.

Ich könnte mir auch heute noch Beziehungen zu
Männern vorstellen, das wäre denkbar. Aber mit Frauen
komme ich besser klar. Erstmal glaube ich, Frauen besser
verstehen zu können; ist logisch, wenn man sich selber
kennt. Bei allen individuellen Unterschieden kann ich
irgendwie besser ihre Reaktionen verstehen, weil man
nach Erziehungsmustern und diesem ganzen Kram mehr
Ähnlichkeit hat. Was nebenbei ungeheuer viele Ehefrauen
bestätigen, die mit ihren Männern glücklich sind, das hat
damit nichts zu tun. Und das andere ist, daß ich sehr viel
habe gegen Hierarchie und sehr viel dagegen habe, mich
unterzuordnen. Ich gebe zu, daß ich sicher leicht ins andre
Extrem verfalle und mich meinerseits hierarchisch verhalte. Das ist aber ganz bestimmt nicht bewußt und auch
nicht überlegt. Durch das Verhältnis meines Bruders zu

meiner Mutter wollte ich ja immer ein Junge sein, unbewußt, später dann vielleicht bewußter. Und dann kam irgendwann der Knick, daß ich es gar nicht mehr wollte. Ich weiß aber nicht, wieweit ich es im Unterbewußtsein doch noch gerne will. Auf jeden Fall lasse ich mir ungern von einem Mann etwas sagen. Wenn ich mir in einer Firma aussuchen könnte, ob Chef oder Chefin, wäre mir eine Chefin lieber. Ich kann Frauen viel eher als über mir Stehende akzeptieren als Männer. Das ist dann eben ein Mensch, der mehr weiß oder kann, bei Männern werde ich leicht aggressiv, weil ich denke, das haben sie nur aufgrund ihrer Männlichkeit oder so.

Ich hab bei Männern vielfach so ein ungeheures Unsicherheitsgefühl. Ich kenne deren Verhaltensschema nicht. Entweder sind sie sogenannte He-men, die kann ich sowieso schon nicht akzeptieren und mag ich auch nicht, oder es sind eben weichere Männer. Und dann kommt man in so einen Rollenkonflikt, denn die normale Rolle will ich nicht. Ich will nun mal nicht das Weibchen sein und denen nicht zugestehen, daß sie das Männchen sind, sondern ich möchte eine gleichberechtigte Ebene. Nur ist es ungeheuer schwer, diese Ebene zu finden, und mit einer Frau ist das leichter. Da fällt es mir leichter, das aufzufangen, und mir fällt es da viel leichter, Schwächen zuzugeben.

Ich kann mich auch bei Männern nicht so fallen lassen. Nach meiner Erfahrung ist da irgendwo immer so ein Bruch, der ist, glaube ich, zwangsläufig da. Man kann noch so liebevoll, nett, freundlich und zärtlich miteinander umgehen, irgendwo ist dann mal ein Punkt, und da läuft dann irgendsowas ab, dieses Irgendwann-zur-Sache-kommen. Und das gibt es bei Frauen eben nicht. Da können die armen Kerle nichts dafür, das sehe ich ja auch ein, aber dieser Bruch hat mich eigentlich immer gestört. Es hat mich immer gestört, daß ich mir, übertrieben ausgedrückt, sagen mußte, jetzt kommts. Und da wußte ich auch genau, wenn das nun vorbei war, dann wars das auch. Das hat alles nichts mit dem Individuum zu tun. Ich hab sehr oft mit Männern darüber gesprochen, und viele, die eben auch so ein bißchen selbstkritisch sind und sich nicht gleich als Geschlecht angegriffen fühlen, die sagen, ja, das ist so, und manche leiden sogar selber drunter und sagen, das finden sie auch bescheuert.

Letztendlich sehe ich im Verlust der Mutter immer den Verlust der Person, bei der ich mich total fallen lassen kann. Bei der ich total akzeptiert werde, egal, was ich tue, wer ich bin, was ich darstelle, wie ich aussehe, was ich habe. Jedenfalls ist das meine Vorstellung, daß es so ist oder sein sollte. Ich glaube zwar, daß man das in Partnerschaften auch finden kann, aber für mich ist das irgendwie gekoppelt mit Mutter. Ich glaube, daß man letztendlich beim Partner doch immer ein Relikt behält. Ob der andere das erwartet oder nicht, sei dahingestellt. Daß man ein Relikt behält von Selbstbeherrschung, von Gepflegtsein und so was, äußere Dinge. Daß man sich nie so total fallen lassen kann, wie man eben denkt, daß man es in einer Mutter-Kind-Beziehung könnte. Und ich glaube sicher, daß man sich in der Beziehung zu einer Frau leichter so fallen lassen kann als mit einem Mann.

Monika B., 35, geschieden, zwei Töchter, Malerin:

*Die Gefühle reichen nicht mehr aus,
um Haß zu empfinden . . .*

Meine Mutter hat vier Kinder, die alle einen anderen Vater haben. Sie hat mit 16 geheiratet, als sie meine ältere Schwester kriegte, und war dann mit 19 schon wieder Witwe. Der Mann ist irgendwann während des Krieges an Diphterie gestorben, sie gilt als Kriegerwitwe. Mich hat sie dann mit 21 gekriegt, ich war das erste uneheliche. Bis ich sechs war, habe ich allein mit ihr und dieser vier Jahre älteren Schwester gelebt, und die ganze Zeit bin ich fast ausschließlich im Bett gewesen. Sie mußte ja irgendwie sehen, wie sie uns durchbringt, und ist tagsüber immer weggegangen und hat uns eingeschlossen in einer völlig verwahrlosten Wohnung, in der nur noch dieses Bett benutzbar war. Es war ein totales Chaos, man mußte über Müll und Schutt und über was weiß ich in die Küche steigen, und da war eine Tonne, die wir als Klo benutzten. Dann gab es natürlich auch massenweise Mäuse und Spinnen und so was. Mit denen haben wir gespielt, die waren für uns so selbstverständlich, die kletterten immer an den Gardinen hoch, und wir rannten dann hinterher.

Wir wohnten in dem Haus von einem Mann, der unten eine Bäckerei hatte und der sie, nach ihren Worten, einmal gebeten hat, für ihn ein Kind zu kriegen, weil er mit seiner Frau keine Kinder haben konnte. Ich weiß nicht, ob das stimmt, ich glaube es nicht. Jedenfalls hat sie ein knappes Jahr später noch ein Mädchen gekriegt, das hat er ihr dann gleich weggenommen. Die lebte dann unten mit ihrem Vater und mit dieser Frau, und wir lebten da oben. Dieser Mann hat natürlich mitgekriegt, was sie mit uns machte, wie sie uns verwahrlosen ließ, und hat des öfteren Polizei und Fürsorge geschickt. Das erinnere ich noch, daß da so dramatische Szenen waren. Sie hat dann irgendwann angefangen, wenn sie wegging, die Tür von außen mit Brettern zu vernageln, was man auch als Kleinkind jedesmal mitkriegte, die Gefühle, die da drinsteckten, diese Aggressivität.

Dann hat ihr wohl die Fürsorge zur Auflage gemacht, daß sie ein bißchen Ordnung schafft, und da hat sie diese Wohnung auch mal in einen besseren Zustand versetzt. Ich erinnere noch, daß wir plötzlich an das Wohnzimmerfenster konnten und auf die Straße gucken, eine ganz belebte Straße. Das war ein irrsinniges Erlebnis, auch diese Hoffnung, die da drin lag.

Vom siebten Lebensjahr an habe ich dann das Gefühl gehabt, die Frau haßt mich. Zu dem Zeitpunkt sind wir in ein Barackenlager gezogen, sie wollte wohl weg von dem Mann da unten. Damals gab es auch schon einen anderen, das wurde später der Stiefvater. Den hat sie nicht geheiratet, aber mit dem war sie verlobt. Ein ungeheuer dummer Mann und ihr total unterlegen. Der zog also zu uns, und von dem kriegte sie auch gerade ein Kind zu der Zeit, das war dann mein acht Jahre jüngerer Bruder. So haben wir also mit fünf Leuten in dieser Baracke, in zwei klitzekleinen Räumen, gehaust. Damals fing sie auch zum ersten Mal an, uns zu prügeln, ganz massiv, uns blutig zu schlagen. Sie hat uns manchmal wirklich bestialisch behandelt.

Dieser Stiefvater war Hilfsarbeiter, und sie kriegte

104

Kriegerwitwenrente. Früher hatte sie manchmal Schuhe ausgefahren für irgendeinen Schuster, aber von dem Zeitpunkt an hat sie nie mehr gearbeitet. Für meine Schwester kriegte sie auch Rente, die andere war bei ihrem Vater, nur für mich kriegte sie nichts. Mein Vater lebt in Amerika, er war als Soldat hier stationiert, als er mich gemacht hat. Der hat nur sieben Jahre für mich gezahlt, dann ist er wieder zurückgegangen. Und da war es eben so, daß sie mir pausenlos erzählte, ich hätte keinen Anspruch auf irgendwas, weil niemand für mich bezahlt. Wenn ich irgendwas brauchte, und wenn es nur ein Schulheft war, hab ich mich manchmal eine Woche lang gequält, bevor ich es gewagt habe, sie um diesen Groschen zu fragen. Meine ältere Schwester war auf der Hilfsschule, und die Lehrer meinten, ich könnte gut aufs Gymnasium. Meiner Mutter war das alles sehr suspekt, so bin ich also auf die Mittelschule gekommen. Und da waren natürlich so Mittelstandskinder, und ich kam aus dem Barackenlager. Ich wurde ganz irrsinnig diskriminiert, Schlotter wurde ich genannt, weil ich immer in ganz zerlumpten Sachen ging und auch sehr unsauber war. Ich nehme an, daß ich auch gestunken habe, jedenfalls wollte niemand was mit mir zu tun haben. Das ging so weit, daß in der Klasse niemand neben mir sitzen wollte, daß der Lehrer die anderen zwingen mußte, neben mir zu sitzen, und das habe ich als so demütigend empfunden. Wenn er mich allein hätte sitzen lassen, wäre es immer noch besser gewesen als auszuhalten, daß er die Leute zwang, und dann setzten die sich neben mich und schoben demonstrativ den Stuhl weg und drehten sich um.

Einerseits konnte meine Mutter nun mit mir angeben, andererseits hatte sie wohl pausenlos Angst, daß ich aufmüpfig werden würde, daß ich das Gefühl haben könnte, ich würde was Besseres sein. Dabei lief genau der umgekehrte Prozeß ab, ich wünschte mir, lieber auf die Hilfsschule zu gehen, um nicht anders zu sein. Meine Mutter ist sehr kräftig und sehr groß, gewaltig dick, mit sehr herben Gesichtszügen und sehr harten Augen. Sie war eine so autoritäre Frau, das kann ich wirklich kaum beschreiben. Sie war so am Regieren, daß wir alle kuschten, das waren wir von klein auf nicht anders gewöhnt. Selbst mein Stiefvater mußte beispielsweise fragen, ob er aufs Klo gehen durfte. Wir durften keinen Schritt in der Wohnung tun, ohne sie zu fragen.

Wenn der Stiefvater nach Hause kam, gingen wir immer alle geschlossen spazieren. Wir durften nicht alleine raus und mit Kindern spielen, vermutlich, weil wir irgendwas hätten verraten können. Dann gab es da so Situationen, daß wir Bekannte trafen auf der Straße und die sagten, was hast du doch für nette Kinder. Und sie dann plötzlich den Arm um uns legte, sie faßte uns sonst nie an und umarmte uns nie, und strahlte, ja, tolle Kinder. Und kaum waren die zwei Schritte weg, kriegtest du einen Schlag in die Rippen, und bilde dir ja nichts ein, solche Geschichten. Zwischendurch gab es schon mal Momente, wo es unheimlich schön war mit ihr, wenn sie gute Laune hatte und wenn sie mit uns tobte. Ich habe es aber trotzdem schon als Kind irgendwie im Hinterkopf wahrgenommen, daß ich es gleichzeitig als wahnsinnige Demütigung empfunden habe, daß ich das angenommen habe. Aber diese wenigen Augenblicke, in denen sie ganz da war und mit uns wirklich fröhlich war, die waren so nötig, daß ich da immer mit beiden offenen Armen reingegangen bin. Aber ich habe es schon als Kind deutlich erlebt, daß das eigentlich falsch war, daß da irgendwas nicht stimmte. Ich hab mich eigentlich selber dafür verachtet.

Damals hab ich irrsinnig viele Wachträume gehabt. Ich hab mich immer gefreut, wenn ich abends ins Bett gehen durfte. Da hab ich mich in mich selbst zurückgezogen, das war toll. Dann hab ich mich pausenlos mit meinem Vater beschäftigt, ich hab so geträumt, daß er kommt und mich da rausholt. Ich hab mir auch ganz konkret gewünscht, in ein Heim zu kommen, und das ausgesponnen. Oder im besten Fall, in eine andere Familie zu kommen. Immer so Träume, irgendwann kommt jemand und sieht, was hier läuft, und holt mich da weg.

Es gibt ein Foto von meinem Vater, und ich glaube, daß ich viel von ihm habe. Aber ich bin auch ein ähnlicher Typ wie meine Mutter. Manchmal hab ich das Gefühl, ich schau in den Spiegel und sehe meine Mutter. Wo ich mich hasse bis zum Gehtnichtmehr, wo ich so ihre Härte und ihre kalten Augen haben kann. Meine hervorstechendste Verhaltensweise ist darum wohl auch die, daß ich mich ein Leben lang bemüht habe, ein irrsinnig lieber Mensch zu sein, ich bin ungeheuer anpassungsfähig. Und gleichzeitig zu intelligent – das hört sich vielleicht doof an –, um mich tatsächlich anpassen zu können. Auch in meinem Beruf war ich im Grunde immer ganz klein, zitternd vor jeder Obrigkeit und gleichzeitig, da ich das vom Intellekt her nicht akzeptieren konnte, eigentlich eher aufmüpfig, aber weit übers Ziel hinausgeschossen; ich hab nie eine reale Beziehung dazu gehabt. Ich bin immer am Kämpfen. Ich konnte auch nichts und niemanden ablehnen früher, ich mußte zu allem ja sagen. Ich war immer die strahlende, zuversichtliche Monika, alle haben mich deswegen gemocht, und abends hab ich dann, auch noch als Erwachsene, in meinem Zimmer gesessen und hab meine Zusammenbrüche gehabt und Depressionen. Die kenne ich, solange ich lebe. Aber das habe ich eben nie jemandem gezeigt.

Damals war auch ein Mädchen in der Klasse, zu der durfte ich manchmal gehen, um Schularbeiten zu machen.

Wir haben ganz kurz gearbeitet, und dann haben wir
gespielt, das kannte ich ja gar nicht, Spielen. Die war wie
eine Freundin zu mir, wir trafen uns morgens auf dem
Schulweg, und da war sie auch wie eine Freundin zu mir.
Aber sobald die ersten anderen Schulkinder kamen,
schubste sie mich in die Hecke und sagte, hau ab. Ich
glaube, daß das heute noch in bezug auf Männer für mich
ganz wichtig ist. Zuneigung, ein Gefühl von Freundschaft,
von Zusammensein, ist für mich immer gekoppelt mit
dieser Panik, gleich kommst du in die Hecke.

Die Mutter von dieser Freundin war ein sehr liebevoller
Mensch, die hat mir viel zugehört, die hat dann immer
gesagt, deine Mutter hat es schwer gehabt und die kann
nicht anders, ich sollte nicht so verzweifelt sein und sollte
mich nicht immer so dagegen auflehnen. Von dem
Zeitpunkt an hab ich aufgehört zu brüllen und hab mich
also stumm verprügeln lassen, was meine Mutter natürlich
noch mehr zur Raserei brachte.

Nach der Schule ging ich dann in die Bürolehre, und da
hab ich auch viel schlimme Sachen erlebt, weil meine
Mutter mir kein Geld gab. Ich kriegte 82 Mark im Monat,
70 mußte ich abliefern, und die restlichen 12 Mark
brauchte ich genau für die Fahrkarte, so daß ich weiterhin
nichts hatte. Ich hatte überhaupt keine Klamotten, ich lief
da immer mit meinen komischen Sachen rum, und wenn
ich zum Beispiel eine Laufmasche hatte, mußte ich weiter
mit der Laufmasche gehen, weil sie mir kein Geld gab. Da
wachte ich wohl immer mehr auf und hielt das immer
weniger aus. Sie wußte auch genau, wann ich Feierabend
hatte, wie lange die Bahn brauchte und wieviel Zeit ich für
den Weg nach Hause brauchte, und dann mußte ich genau
da sein. Wenn ich später kam, machte sie die Tür auf, riß
mich rein und verprügelte mich, und dann sagte sie
anschließend, wofür das war, so lief das immer ab. Und

108

wenn sie abends wegging, wurde ich eingeschlossen in der Wohnung.

Als ich nach der Prüfung nach Hause kam und hatte eine Eins gemacht, guckte meine Mutter mich an und sagte, das verdankst du nur mir, weil ich dich hier so zu Hause gehalten habe. Eine Woche danach war wieder so ein Riesenkrach zwischen ihr und dem Stiefvater, und irgendwas hat da bei mir ausgesetzt. Ich bin aufgestanden, hab mich angezogen und bin aus der Wohnung gegangen. Allein dieser Schritt, ohne sie zu fragen aus der Wohnung zu gehen, das war schon wahnsinnig, das war schon beladen mit einer irrsinnigen Angst, jeder Schritt die Treppe runter. Ich war natürlich in einer absoluten Panik und bin dann zu dieser Freundin gegangen, und die Mutter sagte, darauf hab ich die ganzen Jahre gewartet. Irgendwie hat sie es dann aber doch geschafft, mich zurückzuholen, und ich bin dann auch geblieben, weil mir die Sicherheit fehlte. Aber ein Dreivierteljahr später wollte meine Freundin in die Schweiz und sagte, komm doch mit. Ich hab nur gelacht, weil ich wußte, das dürfte ich nie. Es hat ein paar Monate gedauert, bis ich mich getraut habe zu fragen. Meine Mutter schrie auch gleich los, und mein Stiefvater sagte, laß sie doch, und ein paar Tage später sagte meine Mutter plötzlich, ja, o.k., hau ab. Und von da an war ich weg.

Ich hab damals schon gezeichnet. Und das Aberwitzige ist, ich hab ihr dann aus der Schweiz zum Muttertag so einen Kinderkopf von Rubens abgezeichnet, da muß ich wirklich mit viel Inbrunst dran gesessen haben. Den hab ich ihr geschickt und auch Briefe geschrieben, daß ich ihr wirklich nichts Böses wollte und daß mir daran läge, daß wir einen guten Kontakt hätten. Und kurz darauf habe ich meinen ersten Selbstmordversuch gemacht. Ich hab versucht, mich aufzuhängen. Weil ich überhaupt nicht klarkam, das war doch alles neu. Wenn du so eingeschlossen warst, bist du es ja nicht gewohnt, dich draußen irgendwie zurechtzufinden.

Ich hatte immer Angst, ihre Triebhaftigkeit in mir wiederzufinden, ich hab sie auch wiedergefunden, ganz eindeutig. Sie hat das auch gespürt, ich war das einzige Kind, von dem sie annahm, daß es mal so werden könnte wie sie. Das kriegte ich andauernd zu hören, wenn sie mich einsperrte, mir immer sagte, damit dir nicht das gleiche passiert, wie es mir passiert ist. Und es hat ja auch gewirkt, ich habe wirklich ganz lange keinen Mann angefaßt. Immer so, bis dahin und nicht weiter. Geschlafen hab ich erst mit meinem Ehemann.

Der ist ein wahnsinnig lieber Mensch, auch heute noch. Er kam aus einem guten, intakten Zuhause, was ganz wichtig ist, weil ich die ganze Zeit gelebt hab mit diesem Gefühl, ich komme aus so schlimmen Verhältnissen, daß mich deswegen schon keiner nimmt. Ich war immer noch das kleine Barackenkind, so für mich. Und das war natürlich toll, daß der mich trotzdem wollte. Aber ich hab dann ganz schnell gemerkt, daß meine Zuneigung zu ihm eigentlich nur davon gespeist wurde. Er sagte immer, wenn wir nicht klarkamen, das geht alles weg, wenn du erstmal ein richtiges Zuhause hast, und wir machen es uns schön, und dann hast du Geborgenheit und so, was ich natürlich auch wahnsinnig suchte und wollte. Ich spürte, ich wollte weg von ihm, aber dann kam wieder diese Sehnsucht, daß es tatsächlich gehen möge.

Ich war dann fünf Jahre verheiratet. Wir hatten so einen Rollentausch, er studierte und hat die Kinder großgezogen, ich hatte inzwischen eine Ausbildung als Krankenschwester gemacht und verdiente das Geld. Im letzten Ehejahr hab ich dann schon angefangen, Malerei zu studieren. Wir hatten beide immer den Willen und die

Bereitschaft dazu, für die Kinder intakt zu sein, aber das schaffte ich dann nicht mehr. Ich fing an, sie anzuschreien, und da war natürlich sofort die Panik, das hat meine Mutter mit uns gemacht, das willst du nicht, und dann bin ich schließlich gegangen.

Ich hätte die Kinder sicher gekriegt, wenn ich geklagt hätte, aber ich war zu dem Zeitpunkt so kaputt, daß ich das alles nicht durchgestanden hätte, diese ganze Tortur, Gericht und so. Hinzu kommt, daß er mir damals immer eingeredet hat, daß ich geisteskrank sei, und ich selber, weil ich überhaupt nicht mehr klarkam, auch immer mehr daran glaubte. Es ist dann so gelaufen, daß wir eine einverständliche Scheidung gemacht haben, wo einer die Schuld auf sich nehmen mußte, das war ich, und wo über die Kinder gar kein Gerichtsentscheid gefällt wurde.

Da war auch so eine Tendenz in mir drin, ich kann das alles nicht mehr, ich kann diese Kraft nicht mehr aufbringen, immer so heil zu sein für die Kinder. Die beiden leben heute bei meinem geschiedenen Mann, ich sehe sie alle vier Wochen. Es ist jetzt so, daß ich einigermaßen damit leben kann. Aber eine Zeitlang konnte ich keine Kinder auf der Straße sehen. Wenn eine Familie auf mich zukam, bin ich ausgebüchst. Ich konnte nicht an Läden mit Kinderspielzeug vorbeigehen, mit Windeln und so, das tat so weh, daß ich auf die andere Straßenseite gegangen bin.

Das Schlimme war auch, daß ich mich, während ich verheiratet war, immer gefragt habe, liebe ich meine Kinder eigentlich, und das nicht eindeutig beantworten konnte. Jetzt erst würde ich so allmählich sagen, ja, ich hab so ein Gefühl wie Liebe zu den Kindern. Ich konnte überhaupt zu keinem Menschen Liebe empfinden, ich hab mich immer getarnt, auch für mich selber. Aber ich bin eben nicht doof genug, um das nicht zu schnallen. Jetzt so langsam bin ich, glaube ich, dabei, daß ich überhaupt Liebe empfinden kann, auf jeden Fall kann ich Zuneigung empfinden. Aber ich ecke nur an in Beziehungen, oder sobald ich anfange, Gefühle zu entwickeln. Ich kann sehr gut mit Leuten umgehen, solange das einigermaßen auf Distanz läuft. Ich hab außergewöhnliche Freundschaften zu Frauen und zu homosexuellen Männern, das ist phantastisch, da sind auch tiefe Gefühle da. Aber sobald Partnerschaft oder Sexualität mit reinkommt, ist es das totale Chaos.

Ich verliebe mich sehr schwer, und wenn ich mich verliebe, dann bin ich so himmelhochjauchzend da drin, dann glorifiziere ich den anderen wahnsinnig und mach mich ganz klein, so winzig und überhaupt nicht liebenswert. Ich kann das sowieso nicht verstehen, daß mir überhaupt einer Interesse entgegenbringt. Oder das läuft eben so, daß ich an dem Mann gar nichts finde oder sehr wenig und dann von ihm sehr viel Interesse kommt und ich darauf reagiere, das eben toll finde, so geliebt zu werden. Aber ich bin Zuneigung gegenüber sehr mißtrauisch und probiere dann aus, wie belastbar die ist. Ich trieze die Männer dann, das ist nicht auszuhalten.

Nach der Scheidung gings mir dann unheimlich dreckig, die Schuldgefühle gegenüber den Kindern und dieses Nicht-klarkommen-können mit dem Leben, ich wußte einfach nicht mehr, wo es langgeht, und klappte irgendwann völlig zusammen. Nach zwei Tagen und Nächten ununterbrochenem Heulen, wo Freunde mich bewacht haben, damit ich mich nicht umbringe, haben sie mich dann in die Nervenklinik gebracht. Danach habe ich dann mit der Psychoanalyse angefangen.

Meine Mutter hat natürlich gar nicht begriffen, daß ich mich scheiden lassen wollte. Weil sie immer fand, so einen Mann, wie ich hab, den hätte sie auch ganz gern, nur in älter. Als ich zu ihr gefahren bin, um ihr das zu erzählen, da hat sie mir knallhart ins Gesicht gesagt, weißt du, wenn du mit dem Mann nicht leben kannst, dann hättest du keine Kinder in die Welt setzen dürfen. Das sagt mir diese Frau! Da bin ich wieder weggefahren und hab mich nicht mehr gemeldet, und sie auch nicht. Charakteristisch ist, daß aber nicht nur meine Mutter sich nicht mehr rührte, sondern die ganze übrige Familie auch nicht, das ist bezeichnend für die Autorität, die sie auch noch weit über die Kindheit hinaus für alle Familienmitglieder hatte.

Nach fünf Jahren hat sie mich dann angerufen, weil meine ältere Schwester im Sterben lag, sie hatte Krebs. Als ich da hingefahren bin, hab ich auch mitgekriegt, daß meine Schwester in den letzten Jahren zur Alkoholikerin geworden war und Schlaftabletten nahm und so was. Ich behaupte, daß sie wirklich an dieser Kindheit, an diesem Zuhause kaputtgegangen ist. Die mußte sterben, die konnte sich nicht anders helfen. Durch den Alkohol, davon bin ich überzeugt, ist dann dieser Todeswunsch irgendwann zu Krebs geworden. Ich bin an diesem Tod meiner Schwester so kaputtgegangen, es hat mich Monate lang fertiggemacht, das hat auch mein ganzes eigenes Elend wieder hochgebracht. Dieses Verzweifelt-sein darüber, daß sie dran kaputtgehen mußte, und auch, daß ich vielleicht die Chance habe, da rauszukommen durch die Analyse.

Trotzdem ist das Verhältnis zu meiner Mutter heute rein äußerlich ein gutes, sie ist freundlich zu mir, und ich bin freundlich zu ihr, aber das ist Spiel, jedenfalls von meiner Seite. Sie ist mir gleichgültig, die Gefühle reichen nicht mehr aus, um Haß zu empfinden. Ich weiß auch nicht, warum ich sie überhaupt noch sehe. Da ist sicherlich irgendwie drin, daß sie ja nichts dafür kann und man ihr nicht so ganz brutal sagen kann, du bist ein Biest, und ich

113

will nichts mehr mit dir zu tun haben. Und wohl auch, um wenigstens sagen zu können, man hat irgendwo ein Zuhause, oder man hat irgendwo eine Mutter.

Ich hab die ganz große Hoffnung, daß meine Kinder mich irgendwann mal begreifen werden, nicht nur mich, sondern die ganze Situation. Wir haben ein sehr gutes Verhältnis miteinander, aber ich weiß, daß sie viele Dinge noch nicht verstehen können. Und die Vorstellung, daß eine von ihnen da im Bett liegt und die gleiche Verzweiflung durchmacht, weil ihre Mutter nicht da ist, wie ich sie durchgemacht habe, weil mein Vater nicht da war, die macht mich manchmal halbtot.

Dieser Arzt in der Nervenklinik damals, der war der erste, der es unheimlich heroisch fand, daß ich von meinen Kindern weggegangen war, und der sagte, daß es das Beste gewesen sei, was ich überhaupt für meine Kinder hätte tun können. Und daß das überhaupt mal jemand von dieser Warte sah, das war für mich der Himmel auf Erden. Das war zwar keine Freisprechung von der Schuld, die ist nach wie vor da, aber es war zum erstenmal jemand, der auch begriff, daß das notwendig war.

Doris A., 35, verheiratet, eine Tochter, Sozialarbeiterin:

*Daß sie einen immer vor dem Vater geschützt hat,*
*werde ich ihr nie vergessen . . .*

Als Kind habe ich nie begriffen, warum meine Eltern geheiratet haben, heute ja. Ich habe immer empfunden, daß die Ehe nicht gut war, das war offensichtlich, das lag auf der Hand. Tag für Tag Krach und Geschrei und Geprügel. Alle hat mein Vater geprügelt. Angst und Schrecken verbreitend, schritt er einher und brüllte wie ein Löwe. Es war so fürchterlich zu Haus. Und er hat mit allem geprügelt. Mit allem, was in der Gegend lag, ob es Schuhe oder Besen oder Ausklopfer waren oder die Geschichte mit Benno, dem Stock, der immer frisch geschnitzt auf dem Küchenschrank lag. Hol mal den Benno runter, hieß es, und dann wurde damit draufgedroschen. Unsere Putzfrau damals, die ließ Benno immer verschwinden, weil es ihr so leid tat. Aber dann wurde ein neuer Benno aus der Hecke geschnitzt und wieder auf den Küchenschrank gelegt.

Ich kann nicht erinnern, daß er mit Benno auch auf unsere Mutter eingeschlagen hat, aber auf uns, meine Schwester und mich. Unsere Mutter hat eigentlich nur was abgekriegt, wenn sie sich dazwischenstellte, wenn sie es versucht hat. Heute, mit seinen 75 Jahren, geht er auch nochmal auf sie los, ganz gezielt. Da ist ja niemand anders, an dem er seine Aggressionen ablassen kann. Früher

117

waren wir die wehrlosen Kinder, da ging es leichter auf uns, heute kriegt sie auch ihr Fett ab. Trotzdem hat sie sich heute mit meinem Vater arrangiert. Sie sagt, alleine möchte ich auch nicht sein. Wenn er jetzt stürbe, da grault ihr doch wohl davor. Sie sagt sich heute wohl, lieber jeden Tag Kabbeln, als immer in eine leere Wohnung kommen.

Wir haben sie als Kinder schon immer gedrängt, sich scheiden zu lassen, und dann hat sie immer gesagt, was soll ich denn machen? Ich hab nichts gelernt, ich kann euch nicht durchbringen. Sie war immer auf unserer Seite, da konnte man auch gar nicht hin- und hergerissen sein. Sie sagt auch, daß sie nur unsretwegen bei ihm ausgehalten hat, aber das seh ich heute anders. Wenn man wirklich weggewollt hätte, hätte man das wahrscheinlich gekonnt. Aber dann hätte man sich verdammt und zugenäht schon mal an die Arbeit machen müssen und nicht bis morgens um zehn im Bett liegen. Bezahlen hätte er ja müssen für die Kinder und sie, da sie keinen Beruf hatte, und dann hätte sie schon irgendeine Arbeit finden können. Also, das meine ich schon, das ist nicht zu verzeihen. Nicht, daß ich ihr heute sag, du hättest aber, oder warum hast du nicht – früher haben wir das oft gesagt, weil es so schrecklich war. Unsere Mutter hat auch oft gesagt, komm, wir bringen uns alle drei um. Aber heute begreif ich aus ihrem Charakter heraus, daß sie immer das kleine Mädchen geblieben ist, das immer nur bewundert sein will und die Schönste sein will, daß sie von ihrer Konstellation her nicht anders handeln konnte. Aber für mich wäre das unmöglich gewesen, sich menschlich so schäbig behandeln zu lassen. Ich wäre nicht bei dem Mann geblieben.

Als sie ihn kennengelernt hat, war sie 16 und seine Schülerin, er ist 10 Jahre älter als sie. Und sie war wohl von Anfang an so die kleine Prinzessin. Sie sah sehr hübsch aus, und er war eben der Gymnasiallehrer, der sie erkor, ihretwegen die Schule verlassen mußte. Und diese Haltung des kleinen Mädchens, das immer in der Furcht des älteren, erfahrenen Lehrers, nachher Ehemannes lebte, die hat sie bis heute noch nicht abgelegt, mit 65 Jahren! Da ist immer noch das kleine Mädchen, das was vom mächtigen Mann erbittet, erbettelt und stolz ist, wenn es das dann durchdrückt. Mit Tränen, mit Szenen.

Warum mein Vater so ist, das ist eine ganz einfache Formel. Man möchte sagen, ein Mensch, der ohne Liebe ist; es gibt ja solche Menschen. Seine Mutter hat drei Kinder gehabt. Eins davon ist gestorben, und den Namen von dem Kind wußte sie manchmal nicht mehr. Und wir als die Enkelkinder haben auch überhaupt kein Verhältnis zu diesen Großeltern gehabt. Wir haben sie gesiezt, weil wir sie gar nicht kannten. Und mein Vater, das erinnere ich, sagte damals, mein Gott, sie haben doch nur diese beiden Enkelkinder, und dann so kühl. Und heute macht er mit seinen Kindern und Enkelkindern genau das gleiche. Man hat das Gefühl, man war ihm eigentlich immer nur lästig.

Ich glaub, daß meine Mutter ihn zu Anfang schon geliebt hat und wohl auch bewundert. Er sah damals auch ganz gut aus, und die zehn Jahre mehr und die Position und sie so'n junges Ding. Meine Mutter ist ein sehr emotionaler Mensch, sehr gefühlsbetont und sehr situationsbetont, sie reagiert immer spontan. Das Beste an ihr ist diese innigliche Herzlichkeit anderen gegenüber. Sie war eigentlich auch immer lustig. Sie ist ein Mensch, der bei allem Mist, den sie in ihrem eigenen Leben hatte, wie so'n Wippstert immer wieder oben ist und immer gute Laune hat und versteht, dem Leben gute Seiten abzugewinnen. Und daß sie einen immer vor dem Vater geschützt hat und da versucht hat, sich vor uns zu stellen und Schläge abzufangen, das werde ich ihr nie vergessen.

Trotzdem wären wir sicherlich glücklicher gewesen,

wenn wir irgendwo in Frieden, relativ in Frieden, gelebt hätten. Ich meine, die Ausbrüche der Mutter – Mütter haben ja auch mal Ausbrüche – die hätten wir bestimmt besser verkraftet als diesen ständigen Druck. Ein bißchen mache ich ihr das schon zum Vorwurf. Heute ist man drüber hin, sagt sich, Gott, jeder muß sich so durchs Leben wurschteln, wie er es für richtig hält, und unsere Mutter hat auch ihr Leben. Aber wenn sie mehr Courage gehabt hätte und sich uns geschnappt hätte, mit uns weggegangen wäre und ein eigenes Leben gemacht hätte, das wäre schon besser für uns gewesen.

Meine Mutter war eine sehr hübsche Frau und ist es heute noch. Sehr gepflegt und auch immer sehr darauf bedacht. Wir wohnten nach dem Krieg, bis ich so zehn Jahre alt war, sehr provisorisch. Das Schlafzimmer meiner Mutter war zwei Treppen hoch in der Dachkammer, und die Großeltern wohnten eine Straße entfernt, die hatten eine Regentonne. Von daher wurde das Wasser in Eimern geschleppt, damit sie sich da oben unterm Dach darin waschen konnte, weil das Regenwasser besser war für ihre Haut. Wir mußten es dann immer die Treppen hoch-schleppen.

Das war mir immer zuviel Getue um dieses Äußere. Bis heute steht es im Vordergrund, das Aussehen, das Zurechtmachen, und o Gott, ich hab so schlecht geschla-fen, ich seh gar nicht gut aus. Ich war mal im Kinderheim, da war ich sechs. Damals war das noch nicht so üblich, sich zu schminken. Meine Mutter besuchte mich da, und sie hatte natürlich rote Lippen und sichtlich geschminkte Wimpern und rote Fingernägel. Und dann fragten mich die Kinder hinterher, war das deine Mutter? Und da hab ich nein gesagt, ehrlich, weil ich mich so geniert habe, weil sie so auffallend war.

Das hab ich nie verstehen können, das war mir alles zu

drohnenhaft. Sie schlief auch gern lang, und wir gingen grundsätzlich ohne Frühstück aus dem Haus. Und oft war auch kein Mittagessen fertig, wenn man müde aus der Schule kam – der Mann ja auch. Wir liefen von einem gewissen Alter ab wirklich total automatisch. Wir haben auch den Haushalt noch mitgemacht. Zwei Mädchen, die saubergemacht haben, abgewaschen haben, eingekauft haben, und sobald meine Schwester stehen konnte, hat sie gekocht. Und die Wohnung sah immer aus wie ein Schlachtfeld, bloß, weil meine Mutter sich fertigmachen wollte. Die richtige Bluse zum richtigen Rock und das richtige Make-up, und die Haare wurden anderthalb Stunden frisiert, bis sie richtig saßen. Das ist, finde ich, keine erstrebenswerte und keine menschenwürdige Rolle. Und ich bemühe mich zumindest, nicht soviel Wert auf Äußeres zu legen und da nicht so viel Geld zu investieren. Ich meine, nicht daß ich ganz ohne Lidschatten durch die Gegend laufe, so ist es ja nicht. Aber daß man auch Spaß dran hat, einen Beruf zu machen und auch ordentlich zu machen und da nicht nur das Geld einzustecken, sondern da eine Aufgabe drin sieht. Und obwohl meine Ehe auch nicht die beste ist, schicke ich meinen Mann doch mit Frühstück aus dem Haus, weil ich weiß, wie frustrierend das ist, wenn man morgens aufsteht und dann nur in Hetze und so ohne Kaffee und alles aus dem Haus geht. Da stehe ich schon ne Viertelstunde früher auf und mache das. Ich versuche, das, was ich an meiner Mutter nicht schätze, bei mir abzulegen oder stark dagegen anzugehen. Weil ich diese Egozentrik, sich ständig als den Mittelpunkt und den Nabel der Welt zu betrachten, so schlecht finde, daß ich das in keiner Weise aufkommen lassen will.

Vielleicht kam das durch diese unbefriedigende Ehe, daß sie dann Spaß bei anderen Männern suchte. Als mein Vater im Krieg war, hatte sie wohl schon eine große Liebe,

Herrn W., den Namen hab ich nie vergessen. Das hat sie uns selber mal erzählt, daß sie den sehr geliebt hätte und für den meilenweit zu Fuß gegangen wäre. Im wahrsten Sinne des Wortes, weil da keine Bahn- und Busverbindungen waren. Und einen sehr hübschen Ring, den er ihr mal geschenkt hatte, den hat sie mir, als ich dann erwachsen wurde, gegeben. Den trag ich heute noch gern.

So Geschichten, die schon länger zurück waren, die hat sie uns immer erzählt. Ich fühlte mich da auch ganz solidarisch mit ihr, es ist mir auch nicht, glaube ich, ungewöhnlich oder verzeihungswürdig vorgekommen. Zumal sie das auch sehr spannend erzählen konnte. Zum Beispiel, daß ihr Freund eines Tages zu ihr sagte, nächste Woche kann ich nicht, da heirate ich nämlich. So und ähnlich wurde einem das dann erzählt, nur in Anekdotenform. Aber laufende Sachen und so, das hat sie schon versucht zu verheimlichen, das war ihr im Grunde doch wohl peinlich. Ich bin auch nicht sicher, ob sie selber das bei sich so akzeptiert hat.

Aber wenn sie nicht diese anderen Männer gehabt hätte, sich nicht eine andere Existenzberechtigung geschaffen hätte, dann hätte sie die ganze Zärtlichkeit auf uns konzentriert, das sehe ich vollkommen klar, so in Anklammern. Was heute, wo sie keine Männerbekanntschaften mehr hat, auch eintritt, wo sie sich um jeden Dreck kümmert und Sorgen macht.

Obwohl ich das alles mitgekriegt habe, war ich unheimlich prüde als junges Mädchen. Wenn mich jemand küssen wollte, dann fand ich das ne gröbliche Beleidigung. Ich kann mich nicht erinnern, daß mir meine Eltern da irgendwelche Vorstellungen an die Hand gegeben haben, wie man sich verhalten soll. Kann auch sein, daß ich das vielleicht doch nicht gut fand, was meine Mutter machte, rein moralisch. Daß man zu Anfang, als man in dieser

Beziehung anfing aufzuwachen, doch versucht hat, anders zu sein, sauberer. Jedenfalls wußte ich zum Beispiel nicht, als ich entjungfert war, daß ich nun zum ersten Mal mit einem Mann geschlafen hatte. Ich wußte das einfach nicht. Man hatte ja von den Eltern überhaupt nicht mitgekriegt, daß die sich sexuell irgendwie betätigt haben, und was uns Kinder betraf – es wurde überhaupt nicht darüber geredet. Ich kann meine eigene sexuelle Einstellung heute auch kaum in Beziehung bringen zu meinen Eltern. Höchstens die Tatsache, daß ich, seit ich 20 bin, mit verschiedenen Männern geschlafen habe, ohne auch nur das geringste schlechte Gewissen gehabt zu haben. Auch nicht, wenn es nur für kurze Zeit war. Meine besten sexuellen Erfahrungen habe ich sowieso mit sehr flüchtigen Bekanntschaften gehabt, wo so was wie Liebe oder Vertrauen gar nicht zur Diskussion stand. Ich brauch kein Vertrauen zu Männern fürs Sexuelle, vielleicht, weil ich eben der Meinung bin, daß es mit einem Mann nie so fest und super sein kann.

Ich glaube, meine Schwester und ich akzeptieren einfach, daß man als Frau verschiedene Männer haben kann. Empfinden das absolut nicht als Weltuntergang, wenn man sagt, ich bin zwar verheiratet, aber ich hab noch einen Geliebten nebenbei. Das ist so. Man weiß ja inzwischen, daß man durchaus mehrere verschiedenartige Männer verkraftet und auch braucht vielleicht, daß einer allein einem nicht alles gibt. Bloß, was man dem Partner antut, der damit nicht fertig wird, das bedrückt einen natürlich.

Ich gehe überhaupt mit sehr viel Mißtrauen und nicht mit Offenheit und unbelastet an irgendwelche Beziehungen zu Männern heran, sondern doch stark belastet. Daß man sich sagt, eigentlich kann so was nie gutgehen, so die Unverträglichkeit der Geschlechter. Es war ja bei meinen

Eltern nie ein Zusammenleben festzustellen, sondern eigentlich nur Streit, was wir mitgekriegt haben. Insofern hab ich da kein Muster für eine friedliche Beziehung. Und nicht nur aus der Erfahrung mit meinen Eltern, auch aus dem, was um mich herum geschieht – es geht doch nirgendwo viel anders zu. Ich hab das Gefühl, daß man, wenn man noch die letzten paar Jahre mit sich in Frieden leben will, unheimlich zurückstecken muß. Ich bastel mir das eigentlich so zurecht, daß ich mir sag, ich will Frieden haben für meine Nerven und für meinen täglichen Ablauf. Aber, ob ich nicht noch in der Verrücktenanstalt lande, das frage ich mich manchmal. Daß man wirklich immer nur schluckt und schluckt, weil man sich sagt, so ein Zank und Kabbeln wie das zu Hause war, das möchte ich nie wieder haben. Und manchmal denkt man dann, irgendwann platze ich und lande in einer Anstalt. Ob es je dazu kommt, weiß man nicht.

Ich hab im Grunde auch nur geheiratet, weil das Kind kam. Weil ich letzten Endes doch Angst davor hatte, im Alltag ganz allein dazustehen mit Beruf und Kind. Aber vorrangig ist für mich eindeutig meine Tochter. Vielleicht würde ich heute, wo ich sehe, wie das läuft, daß ich doch ziemlich verdammt alleine davorstehe, auch bei passender Gelegenheit auf den Mann dazu verzichten. Das sagt sich jetzt so leicht dahin, wenn es soweit kommt, krieg ich sicher ein paar Nervenzusammenbrüche, aber ich glaube, mein Leben wäre nicht viel anders.

Ich trau der Beziehung Mutter–Kind einfach mehr als der zu einem Mann, zumindest, solange die Kinder klein sind und einen wirklich brauchen mit ganz primitiven Dingen wie Essensbeschaffung und sauberer Kleidung und In-den-Schlaf-gebracht-werden. Später nicht mehr, wenn sie sich selbständig machen. Eigentlich trau ich, glaub ich, nichts und niemand auf Dauer.

Ich meine, meine Mutter war immer lieb, das kann man nicht anders sagen. Aber wir waren immer nur an zweiter oder dritter Stelle in der Familie. Die erste nahm uneingeschränkt sie ein. Und das möchte ich schon, daß mein Kind sich zumindest vollkommen gleichberechtigt fühlt. Nicht die erste Stelle hat, will ich gar nicht mal sagen, dann schnappt die vielleicht über. Aber schon gleichberechtigt. Oder auch, wenn sie Probleme hat, wie ich sie zum Beispiel in der Pubertät hatte, daß die nicht einfach vom Tisch gewischt werden mit: Ach was soll das . . . Da möchte ich sie einfach mehr ernst nehmen.

Ich glaub, man kann tatsächlich sagen, daß ich durch den Vater so ein grundsätzliches Mißtrauen mitgekriegt hab und durch die Mutter, durch die, wie ich finde, unendliche Herzlichkeit meiner Mutter, so ein Vertrauen. Daß man sich sagt, Gott, irgendwie geht es schon immer weiter. Was überwiegt, das kommt drauf an, wo man gerade ist, ob oben oder unten.

Meine Gefühle ihr gegenüber sind heute hauptsächlich Mitleid und manchmal Unduldsamkeit. Daß man denkt, du lieber Himmel, nun redet sie am Telefon ne halbe Stunde über Nachbars Friseur, obwohl es noch kein Nachttarif ist. Auf meine Kosten. Und selbst auf ihre Kosten interessiert es mich einfach nicht. Da ist ein ganzer Schuß Unduldsamkeit drin, den man aber, jedenfalls versuche ich das immer wieder, verbrämen kann und es sie nicht merken lassen.

Bis sie 60 wurde, hab ich wirklich gut mit ihr über alles reden können. Seither hab ich das Gefühl, daß sie alt wird und abbaut und eben doch nicht mehr so alles verkraftet und verarbeitet. Ihr Beurteilungsvermögen von Dingen, die sie früher sehr viel weltoffener und sehr viel menschlicher betrachtet hat, wird jetzt doch engstirnig und dogmatisch. Aber das war lange, lange, daß man einfach an Mutters großen Busen flüchtete und da heulte und sie einen in den Arm nahm und tröstete. Erstmal unvoreingenommen tröstete, ohne nun zu sagen, du hast aber auch und wie konntest du nur . . . Wirklich, das Zuhause war damals ganz schrecklich, aber ich glaub, eine andere Mutter hätt ich trotzdem nicht haben wollen. Na ja, und heute ist es so, daß man sagt, Gott, was sollst du sie damit belasten, dann schläft sie wieder nicht. Weil sie doch, meine ich, körperlich und geistig stark abbaut.

Aber seit ich selber ein Kind hab, hab ich irgendwie viel mehr Verständnis für sie. Jetzt seh ich erst, welche Mühe das kostet, so einen Winzling großzuziehen, wie du 24 Stunden am Tag mit so einem Kind beschäftigt bist, und das, nehme ich an, war unsere Mutter genauso, als wir klein waren. Welche Liebe und welche Mühe da drinsteckt, und daß die Kinder sich dann hinterher immer hinstellen und nur die Fehler der Eltern sehen. Das haben sie ja geistig nicht mitbekommen, was da hineingesteckt worden ist. Ich finde, das muß man anerkennen, und die Eltern haben doch auch ein Recht auf ihr eigenes Leben und müssen sich nicht immer von ihren Kindern schuriegeln lassen und sich vorschreiben lassen, wie sie's hätten machen sollen. Irgendwann ist da mal Schluß, dann muß man sich nicht unbedingt mehr als Mutter und Tochter begreifen, sondern als zwei Frauen. Irgendwann muß man erkennen, so ab 30 oder 35, daß man nicht alles Vater oder Mutter anlasten kann, was mit einem geschieht, wie das eigene Leben verläuft. Irgendwann muß man mit den Tatsachen fertig werden und das in die eigene Hand nehmen und sagen, schön, das ist nun so gelaufen damals, aber jetzt bin ich ich, und jetzt muß ich selber ran. Ich glaube, so grundsätzlich haben die Eltern das Beste gewollt, und das muß man auch mal anerkennen.

Susanne L., 23, ledig, Kindergärtnerin:

*Ich hab wirklich Mitleid mit ihr,*
*und von daher auch so ne Zuneigung . . .*

Meine Mutter hat keinen Beruf gelernt, sie war immer zu Hause. Wir waren drei Kinder, wovon ich die Älteste bin. Mein Bruder ist drei Jahre jünger, und meine Schwester ist erst sechs, ein Nachkömmling. Mein Vater ist Arbeiter. Der hat auf Baustellen gearbeitet und ist heute körperlich ziemlich kaputt, er ist jetzt Fotokopierer. Wir haben immer unter starken Geldschwierigkeiten gelitten, das war eigentlich immer das Hauptproblem in unserer Familie. Wir wohnten in einer sogenannten Sozialwohnung, das sind so Wohnblocks gewesen, und dazwischen die Rasenflächen und die kleinen Schildchen RASEN BETRETEN VERBOTEN. Auf 40 oder 45 Quadratmetern haben wir mit vier, als die Kleine geboren wurde, mit fünf Personen gelebt. Im Schlafzimmer standen gerade die fünf Betten und noch ein kleiner Kleiderschrank drin, und das war alles. Und das Wohnzimmer, na ja, da spielte sich eben alles ab. Da schälte meine Mutter die Kartoffeln, weil die Küche auch so klein war, und da aßen wir, da war eben das Leben. Infolgedessen konnte ich auch nie Freundinnen mit nach Hause bringen, als Kinder waren wir tagtäglich nur draußen. Und meine Mutter, eben den ganzen Tag zu Hause, hat immer saubergemacht, und wenn wir abends reinkamen, dann gabs häufig Clinch, weil es dreckig wurde. Sie mußte immer in der Waschküche mit der Hand waschen. Wir haben erst als ich 13 war einen Fernseher angeschafft, und noch später erst gabs ne Waschmaschine. Mein Vater trank damals ziemlich viel, so auf ner Baustelle, das ist klar, und wir Kinder bekamen das alles natürlich mit, in den beengten Verhältnissen.

Ich war mit vierzehneinhalb mit der Realschule fertig und hab dann ein halbes Jahr im Kindergarten gearbeitet. Das war schon immer mein Wunsch, was mit Kindern zu machen. Dann bin ich auf die Fachoberschule gegangen, auf Anraten des Arbeitsamtes, um nachher auf der Fachhochschule ein Sozialpädagogikstudium zu machen. Das Studium mußte ich praktisch durchsetzen. Mein Vater hat ständig gesagt, du mit deinem umständlichen Kram. Andere lernen einen Beruf, und wenn du hier viel Heckmeck machst, dann nehme ich dich von der Schule runter, dann stecke ich dich auch in eine Lehre. Meine Mutter hat sich da rausgehalten. Sie fand es schon immer wichtig, daß man einen Beruf lernt, weil sie selbst keinen hatte.

Ich hab ziemlich früh schon mit Jungs geschlafen, und mir war dabei gar nicht bewußt, daß das der Geschlechtsverkehr war. Ich hatte in »Bravo« mal was von Vorhof-Verkehr gelesen und immer geglaubt, daß wir das machen. Ich muß sagen, so mit 15, 16 bin ich da recht blauäugig rangegangen und hatte eigentlich gar nicht viel Ahnung. Ich weiß noch, da muß ich 15 gewesen sein, da schlief ich mit einem Jungen, und da fragte der mich dann hinterher, seit wann bist du eigentlich keine Jungfrau mehr? Und ich fiel aus allen Wolken. Erstmal hatte ich das gar nicht so richtig wahrgenommen, daß er mit seinem Glied bei mir in der Scheide gewesen war, das ist mir erst durch die Frage klargeworden. Und dann also auch, daß ich keine Jungfrau mehr war. Ich hab krampfhaft überlegt, seit wann und wodurch, vielleicht durch den Sport oder so . . .

Ich war dann schon lange mit meinem Freund zusammen, da hat meine Mutter mich mal gefragt, sag mal, wie schützt du dich eigentlich dagegen, daß du keine Kinder bekommst? Und da hab ich dann wirklich laut losgelacht und gesagt, die Frage kommt wohl ein bißchen spät. Sie hat mit mir niemals über so was gesprochen, solche Sachen wurden bei uns überhaupt nicht erwähnt, das gabs gar nicht. Obwohl von ihr immer der Ratschlag kam, heirate bloß nicht so früh, und krieg bloß nicht so früh Kinder. Und sie offensichtlich immer die Angst hatte, daß ich ein Kind kriege. Aber sie hat mir nie gesagt, wie ich keine krieg. Das haben sie nur durch diesen Druck versucht, daß ich die nicht bekomm, nur weil sie eben selbst zuviel Hemmungen davor haben. Dabei haben sie sich uns immer nackt gezeigt, und so nackt rumzulaufen war für mich nie ein Problem. Aber so mit ihnen schmusen, das hab ich eigentlich nie gekonnt. Auch meine Mutter zu küssen – also, heute mach ichs, aber ich mußte mir das richtig selber anerziehen. Andere Leute hab ich geküßt, ohne weiteres. Und ich dachte, irgendwie ist es nicht normal, wenn du deine Mutter nicht küßt.

Wir sind dann umgezogen in eine größere Wohnung, und ich hatte zum erstenmal ein eigenes Zimmer. Da dachte ich, nun wird alles besser, daß ich ein bißchen mehr mein eigenes Leben leben könnte. Es wurde auch besser, das heißt, ich konnte mir Freunde einladen, aber eben nur zu bestimmten Zeiten. Wenn abends um zehn noch Leute da waren, dann gabs schon Ärger. Ich war immer ziemlichen Repressionen ausgesetzt. Ich weiß noch, selbst mit 17 mußte ich spätestens um zwölf zu Hause sein, durfte nicht rauchen, obwohl das Rauchen doch mit 16 schon erlaubt ist. Was ich auch als unheimlichen Druck empfand.

Wir hatten damals so die Zeit, wo es große Feten gab, wo es dann auch »in« war, ganz viel zu trinken. Da gab es Cognac, und wer am meisten trank, das war dann der Beste, so gings damals. Na ja, und auf diesen Feten ging es um 12 praktisch erst richtig los und wurde gemütlich, und da mußte ich schon zu Hause sein. Kam ich zu spät nach Hause, dann gab es einen Riesenkrach, ich bekam Taschengeldentzug, ich bekam Hausarrest mit 17 Jahren, und hab da unheimlich drunter gelitten.

Wodurch so ein offensichtlicher Bruch zwischen meiner Mutter und mir entstand, also auch mit meinem Vater, war dann, daß ich mit 17 abgehauen bin von zu Hause. Der Auslöser war, daß ich an einem Sonntag zum Mittagessen mit ein paar Freunden eingeladen war und nicht durfte. Ich wollte da unheimlich gerne hin, weil da auch ein Junge war, den ich sehr gern mochte, und ich durfte nicht, weil grad vorher wieder so eine Fete gewesen war, wo ich zu spät nach Hause gekommen war. Und da hab ich gedacht, ne, hier kannst du es nicht mehr aushalten, du mußt hier weg. Da hab ich einen Brief geschrieben, so in dem Stil, also, ihr wollt einfach nicht anerkennen, daß ich selbständig bin. Ich bin nicht mehr das kleine Mädchen von früher, aber ihr behandelt mich so. Für mich ist das unmöglich, ich kann so nicht mehr leben, ich geh weg von euch. Ihr braucht keine Angst zu haben, ich komm schon nicht unter die Räder, aber ich komme nicht mehr wieder. Ich hab dann ganz schnell ein paar Sachen in die Tüte gepackt und hab gesagt, ich geh mal kurz irgendwo hin, und dann war ich weg.

Ich bin dann erstmal zu denen zum Mittagessen gegangen. Das war über Ostern, da waren gerade Ferien, und ich war praktisch eine Woche von zu Hause weg. Wir haben jeden Tag gefeiert, und ich hab mich da so wohlgefühlt und mit keinem Gedanken an zu Hause gedacht. Hab kein schlechtes Gewissen gehabt, hab mich auch nicht gemeldet. Also, ich wär auch ganz, ganz bestimmt nicht wieder zurückgegangen. Es waren dann die Leute, mit denen ich da zusammen war, die gesagt haben, irgendwie kannst du das nicht so machen. Die hatten da eher ein schlechtes Gewissen als ich. Die hatten meine Mutter gesehen in der Stadt und sagten, also, die sieht aus wie kurz vor einem Zusammenbruch, das kannst du nicht verantworten. Und dann haben die sich angeboten, hinzugehen für mich und mit meinen Eltern zu sprechen, um mal zu sehen, wie das denn in Zukunft weiterlaufen sollte. Mein Vater empfing die Leute mit den Worten, na, wie geht es denn Susanne, grüßt sie mal schön, und sie soll doch mal wieder vorbeikommen. So, als wäre die ganze Sache überhaupt nicht schlimm, als wär gar nichts gewesen, meiner Meinung nach ein Zeichen ihrer Unsicherheit. Und meine Mutter hat gar nichts gesagt, die hat sich da wohl nicht so eingemischt.

Ich hab dann hin- und herüberlegt, und weil ich wußte, daß meine Mutter im Grunde ein sehr leicht angreifbarer Typ ist, hab ich dann doch ein schlechtes Gewissen ihr gegenüber bekommen. Ich hab gedacht, wenn sie daran kaputtgeht, das kannst du doch nicht verantworten, und allein aus dem Grunde bin ich dann wieder zurückgegangen. Meine Mutter war allein zu Haus und empfing mich ziemlich ohne Kommentar. Sie sagte nur, also, du bist jetzt eine Woche weggewesen, und von mir aus kannst du jetzt machen, was du willst. Du bist praktisch für uns . . . gestorben nicht, aber jetzt kümmern wir uns nicht mehr um dich. Sieh zu, was du machst. Aber das war keine Einsicht, ich würd schon eher sagen Trotz. Wir haben eigentlich auch nie mehr direkt darüber gesprochen, also daß wir uns jetzt nochmal zusammengesetzt hätten und die Sache aufgearbeitet hätten.

Ich hab mich dann auch wirklich ganz verselbständigt. Das war praktisch mein Absprung, das war der Punkt, wo ich gewußt habe, ich kann auch alleine, und ich brauche sie nicht mehr. Und das hat mir sehr viel Selbstbewußtsein gegeben. Das Witzige ist noch gewesen, ich hab also wirklich gemacht, was ich wollte, ich kam jede Nacht erst um halb drei nach Hause und hab mein freies Leben wirklich ausgenutzt. Und so nach ein oder zwei Wochen sagte dann mein Vater zu mir, du mußt jetzt nicht glauben, nur weil du eine Woche weggewesen bist, kannst du nun machen, was du willst. Genau das Gegenteil von dem, was meine Mutter gesagt hatte! Ich habs aber trotzdem gemacht, und sie war einfach auch gezwungen, sich liberal zu verhalten.

Damals entstand bei uns auch so eine Aktion Jugendzentrumsbewegung, da hab ich all die Jahre voll mitgearbeitet. Das war auch so ne Sache, wo es immer Auseinandersetzungen gab, vor allen Dingen mit meinem Vater, grad diese politische Ebene. Wir haben so Demonstrationen gemacht und Aktivitäten, und ich war immer mit an der Spitze, und er hat dann gesagt, ich sei aufrührig. Ein Haus für Jugendliche, grad in ner Kleinstadt, wo sonst nichts los war, das war ne Sache, die ich für unheimlich erstrebenswert hielt. Wo die Jugendlichen unter sich sein konnten, wo sie Probleme diskutieren konnten. Das war wirklich ein ganz ureigenes Interesse von mir, und das war eigentlich mein Weg der Politisierung. Mein Vater hat es verurteilt, und meine Mutter, die hat es im Grunde nicht verstanden, die hat sich dazu nie so geäußert. Die politischen Diskussionen liefen immer zwischen meinem Vater und mir ab, so im Clinch, und meine Mutter hat immer gesagt, also, nun streitet euch mal nicht so.

Der Junge, den ich damals so gern mochte, mit dem war ich auch in der Zeit zusammen und mit dem bin ich heute noch zusammen. Wir haben uns ein Dreivierteljahr später eine Wohnung gesucht, erst zu zweit, heute lebt noch eine Frau mit uns. Ich weiß noch sehr genau, daß ich damals ein sehr negatives Verhältnis zu mir selber hatte. Daß ich relativ wenig Selbstvertrauen hatte und bei allen Dingen, die ich gemacht hab, gedacht hab, andere können das viel besser. Daß ich den anderen immer einen Schritt hinter-herhinke und daß ich nie an das, was andere denken oder sagen oder tun, heranreichen könnte. Ich hab früher auch unheimlich viel geweint, weil ich mich meinen Eltern gegenüber so hilflos fühlte, weil sie sich mir gegenüber so repressiv verhalten haben. Es hieß immer nur, ach ihr Kinder, ihr habt ja sowieso nichts zu sagen. Wir wurden an keinem Gespräch und irgendwelchen Entscheidungen beteiligt, und das hatte ich natürlich auch noch so im Inneren drin, als ich von zu Hause wegzog.

Mein Freund hatte sich schon ziemlich verselbständigt, und da mußte ich mich also ihm gegenüber auch noch durchsetzen, was ich dann manchmal nicht so geschafft hab. Wo ich dann immer nur geheult hab und gesagt, das kommt mir genau wie zu Hause vor, wenn er mir wegen irgendwas Vorwürfe gemacht hat. Ich hatte auch immer so einen Anspruch, gerade bei sexuellen Dingen, nicht so zu sein wie meine Eltern oder so wie meine Mutter, also diese Sachen für tabu zu erklären. Ich hab immer versucht, solche Dinge offen auf den Tisch zu bringen, ich hab mich immer dazu gezwungen, Probleme auszusprechen. Aber es war oft so, daß ich so was nur anzusprechen wagte, wenn wir abends im Dunkeln im Bett waren. Ich hab dann bis 10 oder 20 gezählt und mir vorgenommen, wenn du bei 20 bist, dann sagst du das. Ich hab also wirklich mit mir selbst gekämpft.

Meine Eltern lernten ihn dann natürlich auch kennen und waren sehr begeistert von ihm. Sie fanden ihn sehr freundlich und höflich, ganz im Gegensatz zu den Leuten, mit denen ich vorher zusammengewesen war, die sie immer verurteilt hatten, diese langhaarigen Typen und so. Du bist das einzige Mädchen, sagte mein Vater immer, das sich mit Jungens herumtreibt. Wo mir heute klar ist, daß das aus der Angst heraus war, also nachher schleppst du uns hier ein Kind an oder so was. Ich hätte bestimmt dollen Ärger gekriegt mit einem Kind, aber ich glaub nicht, daß sie mir geholfen hätten bei einer Abtreibung. Meine Mutter wollte das dritte Kind auch nicht mehr haben. Mein Vater hat es ihr sozusagen angedreht, das hat sie mir mal irgendwann angedeutet. Aber da stand die Frage einer Abtreibung auch überhaupt nicht zur Debatte.

Mein Vater ist ein sehr autoritärer Typ, der sich in manchen Fragen liberal gibt, vor allen Dingen nach außen hin. Aber er hat meine Mutter und uns sehr bevormundet. Meiner Mutter zum Beispiel das Schminken verboten. Jede kleine Frage mußte sie mit meinem Vater absprechen, durfte niemals was im Alleingang machen. Er hat sie immer unter Druck gesetzt, und diesem Druck konnte sie nie Widerstand leisten, sie kann es bis heute nicht. Und leidet bis heute drunter, sie hat unheimlich viele Krankheiten, Migräneanfälle und Nervengeschichten, ein dikkes Gesicht oder Ausschläge. Sie war mal zur Kur im letzten Jahr, war vier oder fünf Wochen von zu Hause weg, und da hatte sie nichts mehr. Was ganz klar zeigt, daß die Dinge wirklich von der Situation, von dem Zusammenleben herkommen.

Sie hat öfter gesagt, wie toll sie meinen Freund findet und daß ich bloß zusehen sollte, daß wir so ein gutes Verhältnis behielten. Daß er sich an der Hausarbeit beteiligt und daß ich ihn dazu auch auffordere, das waren Sachen, die für sie vollkommen neu waren. Das heißt nicht, daß sie das jetzt für sich umsetzt, das kann sie gar nicht, das von meinem Vater fordern. Aber das sind Dinge, die sie sich bestimmt irgendwie auch für sich als schön vorstellen könnte und als Leben, was lebenswert wäre.

Meine Mutter ist keine starke Persönlichkeit. Dazu kommt, daß sie auch keinerlei Kontakte nach außen hat. Sie haben keine Freunde, keine Bekannten, sitzen wirklich nur zu Hause, machen überhaupt nichts. Haben auch keine Interessen, keine Hobbys. Ich hab mir geschworen, nie so ein Leben zu führen, wie sie das macht. Also unter so einem Druck mit einem Mann zusammenzuleben und auch nie den Willen zu haben, sich dagegen aufzulehnen. Ihr Wille ist zerstört, würde ich sagen, durch das Verhalten meines Vaters. Auch ihre eigene Mutter hat so einen Mann gehabt, der so autoritär war und die Familie sehr unter Druck gesetzt hat. Aber die hat noch die Kraft gehabt, sich von ihm zu trennen, sich scheiden zu lassen, als ihre Kinder alle groß waren. Ich kann mir vorstellen, daß meine Mutter vielleicht auch so denkt, aber ich weiß nicht, ob sie wirklich, wenn meine Schwester erwachsen ist, den Schritt machen würde. Weil sie natürlich auch irgendwie so unselbständig ist, trotz ihrer 44 Jahre, und alleine bestimmt Existenzangst hätte.

Sie hat während der Schwangerschaft mit meiner Schwester mal einige Wochen in einer Lotto-Annahmestelle gearbeitet. Wie sie das durchgesetzt hat bei meinem Vater, das weiß ich auch nicht, das war wohl ne Geldfrage. Und das hat ihr unwahrscheinlich gut gefallen, da ist sie richtig aufgelebt. Aber prinzipiell hat mein Vater immer gesagt, du brauchst doch nicht zu arbeiten. Bleib man lieber zu Hause, und mach die Sache hier. Er hat auch immer verlangt, daß abends das Essen auf dem Tisch ist, auch, wenn er dann vielleicht gar nichts gegessen hat oder schon vorher eingeschlafen ist. Und sie hatte ja stundenlang gekocht und war dann total frustriert. Heute verdient mein Vater viel weniger als auf dem Bau, ist klar, kein Akkord mehr. Na ja, da hat er dann vor einem Jahr oder so mal gesagt, sie könnte ja eigentlich ganz gerne arbeiten. Und da hat sie zu mir gesagt, also, früher durfte ich nie und heute soll ich, und jetzt will ich nicht mehr. So aus Trotz. Aber ich glaub doch, wenn sie was bekommen könnte, würde sie es machen. Das könnte noch eine echte Chance für sie sein.

Ich hab auf keinen Fall die Absicht, jetzt in Familie zu leben. Ich will auf jeden Fall in eine Wohngemeinschaft ziehen, obwohl ich meinen Freund liebe, klar liebe ich ihn. Aber das heißt für mich nicht ne Zweierbeziehung. Obwohl es damals sicherlich so ausgesehen hat wie eine Flucht in die Zweierbeziehung, wie es ja ganz häufig vorkommt. Aber so hab ich es auch damals schon nicht gesehen. Ich hab eigentlich schon mit 17 Mädchen verurteilt, die von zu Hause ausziehen mit der Vorstellung, wenn sie jetzt mit jemand anders zusammenziehen, wird alles besser. Ich will damit jetzt nicht sagen, daß unsere Beziehung schon total gleichberechtigt ist. So die vollkommene Gleichberechtigung, das ist wirklich ne Sache, für die man kämpfen muß. Das braucht, glaube ich, ganz, ganz lange, um die zu erarbeiten. Aber auf jeden Fall sehe ich da einen Riesenunterschied zur Ehe, die meine Mutter führt. Und gerade deswegen will ich noch mit mehr Leuten zusammenziehen, damit unsere Beziehung nicht stehenbleibt. Wir praktizieren es auch heute, daß wir bei Schwierigkeiten Freunde mit hinzuziehen, um gemeinsam zu diskutieren. Ich bin auch schon mal von meinem Freund weggezogen, das war letztes Jahr im Frühjahr. Und zwar war ich mir nicht mehr darüber im klaren, ob ich ihn noch richtig mag oder nicht. Wir haben die Sache mit Freunden durchgesprochen und zusammen herausgefunden, daß es eigentlich ganz gut ist, wenn ich erstmal von ihm wegziehe. Weil da auch bestimmte Situationen waren, wo ich mich unter Druck fühlte und nicht immer die Freiheit hatte, das zu machen, was ich wollte. Wenn ich eben Lust hab, in die Kneipe zu gehen, möchte ich in die Kneipe gehen, auch, ohne ihn anrufen zu müssen. Zu müssen – ich kann ihn ja anrufen, aber nicht, daß ich ihn anrufen muß. Das war bestimmt auch eine Parallele zu der Situation, wie ich sie damals zu Hause hatte. Und so bin ich dann für drei Monate zu einer Kollegin gezogen.

Na, ja, dann kam aber der Punkt, wo ich mir einfach über die Beziehung zu ihm klargeworden bin. Wo ich ihn plötzlich wieder unheimlich gerne mochte, also ein Gefühl und die Liebe wieder voll da waren, und wir dann wieder zusammengezogen sind. Von diesen Freunden bin ich dann dafür kritisiert worden, daß ich diesen emanzipatorischen Schritt, den ich gemacht hatte, einfach für mich - ohne Diskussion mit ihnen – wieder aufgehoben hab und zurückgegangen bin. Und das finde ich auch berechtigt, sicherlich hätte ich mit ihnen darüber reden sollen.

Ich seh die Zweierbeziehung nicht grundsätzlich als was Negatives. Aber es ist natürlich so, wenn man zu zweit zusammenlebt, daß da kaum eine Kontrolle ist bei dem, was sich da abspielt zwischen den beiden. Und die finde ich wirklich sehr nötig und die ist, meine ich, in einer Wohngemeinschaft gewährleistet. In einer, die gut läuft, nicht Wohngemeinschaft allgemein.

Kinder zu kriegen, das hab ich früher auch immer total abgelehnt. Weil ich dachte, das wäre eine zu starke Abhängigkeit, in die man sich da begibt. Vom Mann und auch von den Kindern, weil ich immer gesehen hab, daß die Kinder das Problem der Frau sind oder zum Problem der Frau gemacht werden. Aber heute bin ich der Meinung, daß man unheimlich viel lernen kann, wenn man mit Kindern zusammenlebt. Das sehe ich jetzt auch so am

positiven Beispiel von einigen Wohngemeinschaften, wo
ständig Diskussionen geführt werden um die Erziehung.
Da kommt man nämlich wieder an den Anfang. Das ist
nämlich genau das Problem, das ich früher gehabt hab,
wie meine Eltern mich erzogen haben, so autoritär, so
unter Druck und eingeengt. Und darum möchte ich heute
doch Kinder haben. Nicht unbedingt selbst welche kriegen, ich würd auch ein anderes nehmen. Einfach, um zu
zeigen, wie man es anders machen kann. Aber die
Voraussetzung dafür wäre eben eine Wohngemeinschaft
mit mehreren Kindern. Ich würd nie ein Kind allein oder
nur mit meinem Freund haben wollen. Wenn ein Kind den
Erwachsenen allein gegenübersteht, das finde ich unheimlich schlimm.

Ich glaube, meine Eltern haben aus den Dingen, die ich
so gemacht habe, schon gelernt. Gut, bei meinem Bruder
haben sie noch anders reagiert, weils halt ein Junge ist.
Der durfte sowieso alles schon eher, bei Jungen besteht
eben nicht die Gefahr, daß sie zu Hause ein Kind
anschleppen. Aber ich bin wirklich gespannt, wie es bei
meiner Schwester wird, wenn sie mal älter ist.

Das Gefühl, was ich meiner Mutter gegenüber heute
hab, ist unwahrscheinliches Mitleid. Im Grunde auch
meinem Vater gegenüber, weil sie sehr wenig vom Leben
haben. Das ist mir erst später sehr bewußt geworden,
auch, woher diese ganzen Sachen kamen. Daß sie eben
selber eine repressive Erziehung hatten und selbst unheimlich wenig Erfahrungen machen konnten und nie was
anderes kennengelernt haben. Und dann die Situation, in
der sie heute leben – keine Kontakte, keine Interessen, gar
nichts. Praktisch nur den Fernseher und Streit und wenig
Geld. Damals hab ich meiner Mutter natürlich zum
Vorwurf gemacht, daß sie sich gegen meinen Vater nicht
durchsetzt, daß sie nicht die Kraft und den Willen hat, sich

gegen ihn durchzuboxen. Und daß sie diese Linie gegen mich voll mit durchzog und voll vertreten hat, so habe ich es jedenfalls immer empfunden. Heute versteh ich, woher das kommt, und hab keine Aggressionen mehr gegen sie.

Wenn ich nach Hause komm, erzählt sie mir jedesmal in der Küche von ihren Krankheiten und von den Auseinandersetzungen, die sie mit meinem Vater hat. Aber ich kann ihr dabei so wenig helfen. Ich könnte ihr eigentlich nur den Rat geben, sich von ihm zu trennen, was ich natürlich nicht mach. Es tut mir sehr leid, wie sie lebt, aber was soll ich machen? Ich kann ja nun nichts dafür, daß es mir besser geht. Ich hab wirklich Mitleid mit ihr und von daher auch so ne Zuneigung.

Julia F., 35, verheiratet, zwei Töchter,
Buchhändlerin:

*Was sie an meinem Vater nie kritisiert hat,
kritisiert sie jetzt an meinem Mann . . .*

Meine Mutter wirkt sehr spontan, sehr vital und war
immer sehr konzentriert auf ihren Mann. Viel mehr auf
ihren Mann als auf ihre Kinder. Das hat uns ungeheuer
geprägt, daß die Ehe meiner Eltern sehr glücklich war und
daß sie so aufeinander fixiert waren. Mein Vater sollte mal
ins KZ, und sie hat immer gesagt, ich wäre mit ins KZ
gegangen. Das ist eine ganz wesentliche Geschichte, daß
meine Mutter uns tatsächlich zurückgelassen hätte, etwas, womit wir in der Pubertät schlecht fertig geworden
sind, insbesondere ich. Ich hab das fast nicht ertragen, da
war etwas, wo ich nicht eindringen konnte. Ich war
eifersüchtig auf diese Situation. Dies Ausgeschlossensein,
das fand ich unerträglich. Später fand ich das allerdings
sehr angenehm, weil ich wußte, es entsteht keine Kata-
strophe, wenn wir aus dem Haus gehen. Aber in der
Pubertät war das für mich arg.

Ich bin von fünf Kindern das zweite, so ein typisches
Kriegskind, 44 geboren. Und wir sind in einer relativen
Selbständigkeit aufgewachsen, so in dieser Zeit des
Umbruchs. In den letzten Jahren habe ich gesehen, wie
wesentlich das für uns war. Wir haben damals auf dem
Land gelebt, mein Vater war Jurist, der war da Oberkreis-
direktor. Meine Eltern führten ein ziemlich großes Haus

und hatten immer viel Besuch und Gäste, und meine Mutter hatte fünf Kinder und nebenher wahnsinnig viel zu tun, so repräsentative Geschichten. Wir Kinder sind so aufgewachsen – wir waren eben da. Man hat alles gemacht, und es wurde geredet, aber es lief so nebenher. Ich bin zum Beispiel mit vier Jahren allein gereist. Das glaubt mir niemand, aber das stimmt. Mit einem Schild um den Hals, Bahnhofsmission angerufen, nach Westfalen gefahren. Und das war nicht etwa so, daß ich in den Zug stieg und durchfuhr, sondern man mußte fünfmal umsteigen. Und das hab ich gemacht. Ich habe auch mit sechs Jahren meine Koffer allein gepackt – wie sie gepackt waren, das war natürlich irre. Das war ziemlich entscheidend, daß ich mich im Grunde genommen frei entwickeln konnte.

Eigentlich ist meine Mutter ein sehr mütterlicher Mensch, ich habe sie so in Erinnerung, ich glaube, meine Geschwister auch. Sie war immer da, man konnte mit ihr reden, aber das Problem, das wir alle hatten, war, daß sie nie etwas gegen den Willen meines Vaters machte. Auch wenn sie oft dagegen war, was er entschied. Nach außen hin wirkten wir als sehr liberal und lässig erzogene Kinder, aber mein Vater war eigentlich eher autoritär, er hatte eindeutige Konventionen und Normen, an die er sich hielt. Und meine Mutter ist völlig unkonventionell. Trotzdem hat sie immer getan, was er wollte, weil sie sagte, das geht nicht, ich kann nicht gegen ihn arbeiten. Sie hat nie offen Stellung genommen, wenn wir da waren.

Ich hatte ganz massive Konflikte mit meinen Eltern, aber die Beurteilung war immer so, daß ich den Konflikt hatte. Daß ich meine eigenen persönlichen Konflikte hatte, auch Pubertätsprobleme, die ich nicht mit ihnen tauschen konnte oder auswechseln konnte. Meine Mutter hat zwar vieles geahnt, hat auch richtig reagiert, aber sie ist zum Beispiel kein Mensch, der einen direkt anspricht. Irgendwie hätte ich manchmal erwartet, daß sie es nur mit einem Wort erwähnt hätte.

Eine Zeitlang war ich doch ziemlich depressiv und im Grunde genommen orientierungslos. So mit 13, 14. Ich war da im Internat, da hab ich auch die Abschlußprüfung gemacht. Da fühlte ich mich ziemlich im Stich gelassen. Ich hatte zum Beispiel unheimliche Probleme mit einer Lehrerin, die mich, kann man wirklich sagen, haßte. Vom ersten Moment, wo sie mich sah, konnte sie mich nicht ausstehen und hat mir das Leben zur Hölle gemacht. Da habe ich meine Eltern gebeten, sie möchten mich in eine andere Klasse bringen. Aber mein Vater hat uns nie ernst genommen, wenn wir solche Probleme hatten, sondern hat immer gesagt, das sind eure Unzulänglichkeiten. Du bist zu faul und so, und aus dem Grunde klappt das nicht, da mußt du halt durchkommen. Im nachhinein hat er dann gesehen, daß die Situation echt prekär war, daß er mir eigentlich hätte helfen müssen. Und das habe ich meiner Mutter wahrscheinlich übel genommen, sie hätte wissen müssen, daß ich mich ganz sauunwohl fühle und auch wirklich nur dann schreibe, mir geht es schlecht. Aber ich habe ihr damals nie einen Vorwurf gemacht, weil ich sie nie für die entscheidende Person gehalten habe. Die direkte Bezugsperson war immer mein Vater, weil mein Vater eben ganz eindeutig Stellung bezog und meine Mutter sich da immer zurückhielt.

Wir haben eigentlich zu Hause nicht gelernt, wirklich zu opponieren. Ich war wahrscheinlich die einzige, die gelernt hat, wenigstens mal zu sagen, nein, das will ich nicht. Ich hab kein Abitur gemacht, obwohl das eigentlich klar war, daß die Mädchen auch Abitur machen, weil ich eben echte Probleme hatte im Internat, ich hätte das überhaupt nicht geschafft. Und nun suchte mein Vater mir einen Beruf aus. Weil ich literarisch sehr interessiert war, sagte er, werd erstmal Buchhändlerin. Damit war ich eigentlich einverstanden, das kam mir sehr entgegen. Ich war sehr bürgerlich erzogen und fand das gesellschaftlich anerkannt. Und dann sagte ich, ich will nach B., ich hatte mir da eine Buchhandlung ausgesucht. Und mein Vater fuhr nach B. und stellte fest, daß B. viel zu sündig war in seinen Augen, und kam zurück, das ist eben unglaublich, und sagte, du gehst nicht nach B. Und meine Mutter sagte gar nichts. Ich sagte, sag doch mal was, sag doch mal was dagegen, du weißt doch genau, wenn ich weg bin, könnt ihr sowieso nichts mehr kontrollieren. Da hat sie aber nichts gesagt. Das habe ich ihr wirklich übelgenommen. Und mein Vater hat es dann geschafft, mich nach M. zu bringen, gegen meinen Willen.

Und dann bin ich nach M. gekommen, und da wollte mich mein Vater auch gesellschaftlich lancieren, und da habe ich opponiert, das hab ich einfach nicht gemacht. Bin einmal hingegangen und dann nie mehr. Meine Lehrstelle war ganz katastrophal, ganz schlimm, ich bin ganz fürchterlich ausgenommen worden. Ich wollte da nicht mehr hin und hab so ganz typische Krankheiten gekriegt, ein Magengeschwür. Bis ich mir schließlich das Bein gebrochen habe, als ich mal zu Hause war, weil ich einfach nicht mehr wegwollte. Vier Monate in Gips und nicht bewegen können. Und da hab ich gesagt, ich geh da nicht mehr hin, und da hat mein Vater mich richtig gezwungen, er hat mich ins Auto gesetzt, und wir sind hingefahren. Und da hab ich so einen Prozeß durchgemacht, ich bin da total ausgeflippt und habe Bücher geschmissen, und von da an ging es besser. Damals habe ich gelernt, durch die Härte meines Vaters und das Wenigreagieren meiner Mutter, meine Konflikte auch zu verbalisieren.

Es ist auch so, daß ich immer verantwortlich war für

bestimmte Dinge. Mein ältester Bruder ist mit 18 schwer depressiv geworden. Wir hatten eine ganz intensive Beziehung zueinander, wie es wohl selten unter Geschwistern vorkommt. Und das war ganz schlimm, einmal hat er einen Selbstmordversuch gemacht, und ich war allein mit ihm zu Haus. Ich hab sofort begriffen, daß ihm so nicht mehr zu helfen ist, daß er in die Klinik muß. Und ich mußte meinen Eltern dann beibringen, daß sie einen verrückten Sohn haben. Das hab ich ihnen unheimlich übelgenommen, wie sie da reagiert haben. Mein Vater hat mich ausgelacht und gesagt, du spinnst. Nicht er ist verrückt, sondern du. Und da war die Haltung meiner Mutter, und das charakterisiert sie eigentlich sehr, total passiv. Sie redete nicht mehr, überhaupt nicht mehr, sie war zutiefst betroffen, wirklich zutiefst betroffen. Erschrocken auch, weil sie sich irgendwie Vorwürfe machte, weil diese depressiven Neigungen mehr von ihr kamen. Und sie hat auch nicht mehr mit mir darüber gesprochen, und das war wohl ein sehr entscheidender Punkt. Ich weiß noch, wie ich vor ihr stand und sie eigentlich hätte sagen müssen, du Arme, was hast du durchgemacht. Und im Grunde genommen hat man mir übelgenommen, daß ich mich gelöst hab und den einfach abgegeben hab.

Man hat mir immer gesagt, ich wäre meiner Mutter ähnlich, innerlich viel und äußerlich auch, in den Bewegungen zum Beispiel. Und wahrscheinlich hab ich auch ziemlich viel adaptiert. Aber jetzt weiß ich, daß ich den Verstand meines Vaters habe. Von meiner Mutter hab ich das Einfühlungsvermögen, Leute zu beurteilen, Menschen zu sehen, auch die Aufnahmebereitschaft, Menschen zu sehen. Sie wirkt extravertiert, ist aber im Grunde passiv und hat das immer umgearbeitet, indem sie unheimlich aktiv war. Zum Beispiel hat sie permanent genäht, und sie liest unheimlich viel, und damit überdeckt sie bestimmt psychische Sachen, die sie nicht verarbeiten kann.

Dadurch daß meine Eltern ein glückliches Eheleben vormachten und lebten – ich kann das heute auch in Frage stellen, sicher war vieles nicht so glücklich, es ist halt viel unter den Teppich gekehrt worden –, hatte ich immer ganz hohe Erwartungen an Beziehungen. Ich bin jetzt ganz froh, daß ich die hatte, aber die haben mich natürlich auch blockiert. Ich hatte sehr übersteigerte Erwartungen, das mußte intellektuell genauso stimmen wie sexuell, ich konnte da keine Trennung vollziehen.

Man wußte auch, daß da Sexualität stattfand, sehr genau sogar, aber darüber gesprochen wurde nicht. Man hat das gespürt, die Beziehung war so eng, das war klar, daß da was abläuft. Aber aufgeklärt worden bin ich von unserem Dienstmädchen, und das in massiver Form, mit acht Jahren. Die Mädchen haben immer unheimliche Liebesaffären gehabt mit irgendwelchen Typen, und dann haben wir das beobachtet, bis ins Detail. Das war nämlich so, daß die sich im Wald mit ihren Freunden trafen. Und so schweinische Geschichten hat die uns immer erzählt, so Witze. Ein Mädchen, die hat mir zum Beispiel das Küssen beigebracht – so macht man das. Ich fand das unheimlich witzig, aber mein Bruder hat gekotzt. Dem ist das zur gleichen Zeit beigebracht worden.

Als ich dann erwachsen war, so 18, ich hatte da schon einen festen Freund, da hatten sie natürlich eine wahnsinnige Angst, daß ich ein Kind kriege. Und das ist das, was wahrscheinlich selten auftritt bei der Erziehung meiner Generation, daß sehr offen über Kinderkriegen gesprochen wurde und auch über die Art und Weise, wie man das vermeiden kann. Das war so, man kriegt keine unehelichen Kinder, und man kriegt mit 18 sowieso keine Kinder, auch wenn da vielleicht Liebe im Spiel ist oder irgendwas.

150

Das kriegt man einfach nicht, damit blockiert man sich sein Leben. Und wenn man einen Ausrutscher macht, dann kommt man nach Hause und sagt das, und dann wird der notwendige Weg gefunden, daß man das Kind nicht kriegt, das war klar. Das war das einzig Legitime, und zwar von seiten meines Vaters. Meine Mutter hat da nie offen drüber gesprochen, aber sie hat das akzeptiert. Das war ja immer ein und dieselbe Soße. Und das meine ich eben mit dieser scheinbar liberalen Erziehung. Das war der konfliktreichste Punkt in meiner ganzen Erziehung.

Ich hab mit 16 jemanden kennengelernt, das war so eine Schülerfreundschaft, aber sehr intensiv. Die hat acht Jahre gehalten, diese Freundschaft, und sexuell hat sich da nichts abgespielt. Das hat mir einen unheimlichen Knacks versetzt. Er fühlte sich nämlich genauso verpflichtet wie ich, war auch genauso vermuckert erzogen wie ich. Bloß kein Kind kriegen, und die Pille gab es noch nicht. Und da waren wir total blockiert. Das ist so grauenvoll, was ich da so aufzuarbeiten hatte und immer noch habe, das ist irre. Einmal schon dieser moralische Faktor, wirf dich nicht weg, aber für mich persönlich fand ich es so unheimlich problematisch, daß ich nur einen einzigen Weg kennen würde, wenn ich ein Kind krieg, ich müßte zu meinen Eltern gehen. Ich hätte die Entscheidung nicht selber treffen können. Auf die Idee zu sagen, ich krieg das einfach, bin ich gar nicht gekommen. Nein, so stark war ich nicht, das hätte ich nicht gekonnt. Und das finde ich so irre. Einmal bin ich mit meinem Freund weggefahren, und meine Eltern dachten weiß Gott, was passierte, und es passierte natürlich überhaupt nichts. Das war fürchterlich, dieser Zwang, wenn was passiert, das melden zu müssen – da war nichts mehr zu machen.

Das hat Jahre gedauert, bis ich das losgeworden bin. Ich hab so neurotische Männergeschichten gehabt, wirklich masochistisch. Auch mit dieser ersten langen Beziehung, das hat mich eigentlich kaputtgemacht. So einfach ein Verhältnis konnte ich nie haben, oder nur weil es schön ist, mit jemandem schlafen, auch das ging nicht. Einmal bin ich dann total ausgebrochen und habe so eine völlig kaputte Beziehung gehabt, mit so einem Hippie. Da war ich schon ziemlich alt, 23, das war meine erste wirkliche Erfahrung. Und da hab ich so unter einem neurotischen Zwang gestanden, da fühlte ich mich immer, als wenn ich meine Eltern hinterging, weil ich da die erste wirklich positive sexuelle Erfahrung hatte, weil da im Grunde genommen alles total stimmte. Das war so ein irrer Typ in den Augen meiner Eltern, den hätte ich überhaupt nicht heiraten können, den hätte ich auch nicht vorzeigen können, hab ich auch nicht, obwohl ich mir unheimlich mistig vorkam und mich darüber geärgert habe. Ich war da in einer anderen Stadt, und dann stand ich unter dem Zwang, jedes Wochenende nach Hause zu fahren. Da lag überhaupt kein Grund vor – nur um zu beweisen, daß nichts ist. Ein Jahr lang ging das, das hat mich kaputtgemacht. Ich bin wie von einem Magnet angezogen nach Hause gefahren, völlig irre. Ich hab mich da Situationen ausgesetzt, die wahnsinnig waren, rein physisch. Ich hab das dem gegenüber auch nicht definieren können, daß ich weg mußte am Wochenende, wie will man das auch.

Ich hab dann auch lange Zeit, fast zwei Jahre lang, zwei Beziehungen gehabt. Die eine war eine starke sexuelle Bindung, wo ich wirklich abhängig war. Bei der anderen war die Komponente, daß man zusammen reden konnte. Das war eine gleichwertige Beziehung, während ich bei dem anderen abhängig war, aber mich andererseits total überlegen fühlte.

Wir haben zu Hause nie darüber gesprochen, daß wir mit jemandem schlafen. Mein Vater, der in seiner Jugend wohl unheimlich viele Geschichten gehabt hat, der rechnete sich wohl aus, daß das so war, aber sie haben da ein völlig schizophrenes Verhalten gehabt. Wir konnten immer alle Freunde mitbringen, ganz egal, wer das war und was er macht. Aber sowie das nach fester Bindung aussah und miteinander schlafen, da war das größte Theater. Dann wurden wir getrennt irgendwo hingelegt, Gästezimmer gabs genug, und nachts klapperten die Türen. Jeder im Haus wußte, daß da das große Bettenwechseln war von fünf Kindern, völlig irre, und wir haben darüber Witze gemacht, aber es wurde nichts geändert. Das war eben diese Scheinmoral. Zwei Tage, bevor wir heirateten, waren wir noch bei meinen Eltern – wir wohnten damals schon zusammen –, und wir durften nicht zusammen in einem Zimmer schlafen. Für meine Mutter war das klar, wenn man jemanden liebt, dann geht man auch mit dem ins Bett. Da ist sie total offen, und sie hätte auch nie ein Problem daraus gemacht und fand das auch absurd, daß mein Vater da so gesponnen hat. Aber sie konnte sich nicht wehren, der war zu mächtig für sie.

Das Schlimme finde ich, daß sie mir immer zugestanden hat, heirate nicht so früh, hab lieber viele Verhältnisse. Da war ich 16, als sie diesen Ausspruch machte. Mein Vater war wohl immer etwas entsetzt, aber sie meinte das ernsthaft. Sie sagte, es gibt wirklich ganz wenige Ehen, die so glücklich sind wie meine. Sie sagte auch immer, krieg erst Kinder, wenn du wirklich weißt, was du willst, auch beruflich und so. Sie war selber Lehrerin vor ihrer Ehe.

Durch meinen Mann habe ich mich dann total von all dem freigemacht. Unsere emotionale Beziehung stimmte vom ersten Tag an, und ich hatte genügend Erfahrungen vorher gehabt, um zu wissen, daß der in Ordnung ist. Und da habe ich mich über alles hinweggesetzt. Unsere

Beziehung ist sehr gut, wenn ich natürlich auch genau die Konflikte habe, die unheimlich viele haben.

Ich wußte, daß mein Vater mit ihm nicht einverstanden ist, er war aber nie mit den Männern einverstanden, die ich anbrachte. Na ja, mit dieser Ehe sowieso nicht, und dann bin ich halt nach Hause gefahren und hab gesagt, nächste Woche heirate ich. Was bei meiner Mutter sehr positiv ist, daß sie nie sofort wertet, daß sie sich das anschaut, dann sehr kritisch sein kann, aber nicht von vornherein, aus welchen Gründen auch immer, eine Wertung abgibt. Sie hat meinen Mann ganz positiv angenommen. Sie hat damals auch versucht, bei meinem Vater zu vermitteln, aber da war echt nichts zu machen.

Vor fünf Jahren, ein Jahr, bevor meine erste Tochter geboren wurde, ist mein Vater dann gestorben. Ich war zutiefst erschüttert, aber ich war auch befreit. Da war das Gefühl von Erleichterung und Verlust. Und das Verhältnis zu meiner Mutter war immer so, daß alle dachten, wenn etwas eintritt, müßten mein Mann und ich uns um sie kümmern. Und da ist sie zu uns gezogen. Die Entscheidung wäre nie von mir gekommen, ich hätte auch nie gefragt, aber mein Mann hat immer gesagt, er möchte es gern. Das muß man einfach aus seiner Situation heraus sehen, der hat nie ein Zuhause gehabt. Im Grunde genommen war meine Familie, auch alle meine Geschwister, das war sein Ersatz.

Es ist so, daß die beiden sich eigentlich sehr mögen. Nur gibt es das Problem, daß meine Mutter die negativen Eigenschaften, die mein Vater hatte, jetzt auf meinen Mann überträgt. Das, was sie an meinem Vater nie kritisiert hätte, das kritisiert sie jetzt an meinem Mann, obwohl das oft falsch ist. Und das muß ich dann korrigieren, ich bin dann der Prellbock. Manchmal geht sie ihm natürlich unheimlich auf die Nerven, und dann

sagt er es aber nicht offen, sondern dann krieg ich das halt
ab. Dann sag ich, o. k., ich geh zu ihr und sag, du mußt
jetzt mal für ein paar Monate weg. Dann sagt er, das ist
unmöglich, das kannst du nicht machen, und dann sitz ich
zwischen zwei Fronten. Aber das ist jetzt besser geworden, weil ich gesagt hab, ich mach das nicht mehr. Ich trag
das dann offen aus, ich will kein Prellbock mehr sein.

Das Komische ist auch, die Auseinandersetzungen, die
ich immer mit meinem Vater hatte, die hab ich jetzt mit
meiner Mutter. Indem ich nämlich mit ihr über die
Konflikte, die ich mit ihm hatte, rede, in ihren Augen
unheimlich hart. Daß ich ihr ziemlich knallhart sage, wie
er sich verhalten hat. Jetzt macht sie den Prozeß durch,
den ich vorher durchgemacht habe. Entschuldigt sich
auch immer, tut mir so leid, daß ich nie aktiv gewesen bin.

Wenn man so lange zusammenwohnt, dann sieht man
unheimlich viel. Und ich habe eigentlich die furchtbare
Entdeckung gemacht, daß meine Mutter sehr egozen-
trisch ist und immer war. Das ist das, was ich an
Negativem erst jetzt festgestellt habe. Sie hat ja immer auf
meinen Vater hin gelebt, das ist das Problem. Und jetzt
entwickelt sie überhaupt keine Aktivitäten nach außen.
Das geht so weit, daß sie nicht ins Theater geht, obwohl sie
wahnsinnig gerne hingeht, wenn ich nicht kann. Oder
nicht in eine Ausstellung geht, wenn ich nicht sage, komm,
wir gehen hin. Und sie leidet darunter, daß sie das
kulturelle Angebot nicht ausschöpft. Ich bin quasi für ihr
aktives Leben verantwortlich. Aber das habe ich abge-
baut, ich hab ihr gesagt, wenn du ins Theater oder ins Kino
gehen willst, dann tu es oder such dir jemanden, mit dem
du gehst. Nur erwarte nicht, daß ich immer gehe. Und das
schnallt sie auch und kapiert es, aber sie blockiert sich da
selber. Ich hab nie gewußt, daß der Prozeß, so einen Tod
zu verwinden, so lange dauert.

Sie hat bei uns ein Zimmer für sich, aber sie hat auch noch eine eigene Wohnung, was für sie sehr wichtig ist. Die ist nicht hier in K., sondern auf dem Lande. Mittlerweile fühlt sie sich ganz wohl, aber eigentlich lebt sie nicht gern in der Großstadt. Sie lebt nur hier, weil wir hier leben. Und das hat bei mir auch wieder Aggressionen hervorgerufen. Ich hab gesagt, dann geh aufs Land, du hast ja deine Wohnung. Nur erwarte nicht von mir und Harald, daß wir da mitgehen.

Wir haben sie zu uns geholt, um ihr zu helfen, damit sie nicht alleine leben muß. Das hätte sie auch gar nicht ausgehalten, obwohl sie erst 65 ist. Das Zusammenleben ist nicht unproblematisch, das wußte ich vorher. Aber meine Mutter ist ein Mensch, der sich zurückziehen kann, und zwar so, daß sie wohl da ist, aber daß man nebeneinander leben kann, jedenfalls ich. Manchmal enerviert das schon, wenn sie abends bei uns sitzt, aber meistens geht sie dann in ihr Zimmer. Und dann habe ich auch kein schlechtes Gewissen, darüber setze ich mich hinweg. Es gibt ja Mütter, die haben den permanenten Vorwurf im Gesicht, das hat sie überhaupt nicht.

Aber eine Belastung ist das schon, und da finde ich auch, daß mir von meinen Geschwistern zuviel aufgelegt ist. Die sind nicht dazu in der Lage, mit ihr zu leben, das könnten sie nicht, sagen sie alle. Ich komme eben am besten mit ihr klar, weil wir so distanziert zueinander sind. Mit meiner jüngsten Schwester, das ist zum Beispiel noch so richtig ein Mutter-Tochter-Verhältnis. Die hat eine starke Mutterbindung, die ist unheimlich aggressiv. Während unsere Beziehung immer so eine Ambivalenz von Freundin und Mutter war, von klein auf. Sie hat mich eigentlich immer als vollwertigen Menschen betrachtet und als erwachsenen Menschen, schon als kleines Kind. Ich hab bestimmt viel von ihr übernommen. Sie kann zum

Beispiel phantastisch kochen, das habe ich schon mit zehn gelernt, und den Haushalt konnte ich da schon genauso machen wie sie.

Meine eine Tochter ist vier Jahre alt und die andere sieben Monate, die nimmt sie morgens beide. Das ist mein Vorteil, da kann ich ausschlafen. Und dann frühstücken wir furchtbar spät, irgendwann so um elf, zusammen, und dann planen wir so ein bißchen den Tag. Was sie macht im Haushalt und was ich mache, Besorgungen und Küche und so. Und das geht eigentlich so, daß man wirklich nicht drüber zu reden braucht. Da hat es noch nie Kompetenzprobleme gegeben. Wir reden nicht viel miteinander, weil wir uns einerseits stillschweigend verstehen und auch, weil wir uns im Grunde genommen auf die Nerven gehen und aus dem Wege gehen oder weil jeder seinen Stimmungen unterworfen ist und keine Lust hat zu reden. Und es gibt auch Momente, wo wir uns echt nichts zu sagen haben. Ich wäre eigentlich schon ganz froh, wenn sie woanders wohnen würde, das wäre mir schon ganz lieb. Aber das ist wahrscheinlich nicht zu lösen. Ich scheue mich vor der Auseinandersetzung, und von allein kommt sie nicht auf die Idee.

Gisela B., 24, ledig, Prostituierte:

*Hier ist alles Scheiße, ich fahr zum Bahnhof
und komm nach Hause . . .*

Vor vier Jahren, als ich nach B. ging, da hat meine Mutter mir auf den Kopf zugesagt, was ich mach. Sie hatte so ne Ahnung, so aus dem Gefühl, weil sie mich kennt. Sie merkt zum Beispiel auch sofort, wenn ich irgendwie Sorgen oder Kummer hab. Das kriegt sie sogar durchs Telefon raus. Wenn ich sie anruf, dann sagt sie, deine Stimme ist anders. Sie spürt das. Na ja, ich kriegte einen roten Kopf, was ich sonst nie krieg, und da hat sie zu mir gesagt, du brauchst nicht zu lügen, sag mir die Wahrheit. Ja, und dann hab ich ihr das erklärt, wie das vor sich geht und so, und sie hat nur gesagt, paß auf, daß dir nie was passiert. Da hat sie Angst vor gehabt. Sie war nicht entrüstet, nur so'n bißchen bedrückt. Bis sie dann gesehen hat, daß es mir gut geht im Prinzip.

Meine Eltern wohnen in M., das ist keine Entfernung von hier, da fahr ich sehr gerne hin. Mein Vater ist Maschinenschlosser, und meine Mutter hat mal so im Haushalt gearbeitet oder in einem Kosmetiksalon sauber-gemacht oder ab und zu mal beim Verkaufen geholfen. Sonst hat sie praktisch nie richtig gearbeitet. Ich hab den Volksschulabschluß gemacht, und dann hab ich drei Jahre Friseuse gelernt und hab auch noch nach der Lehre im Beruf weitergearbeitet. Und dann auf einmal bin ich nach

B. gezogen. Ich konnte mich nie unterdrücken lassen, von meinem Chef oder so, ich wollte mein eigener Herr sein, über mich selber verfügen und mir von keinem was sagen lassen. Wenn man angestellt ist, muß man sich in ne Gemeinschaft einfügen, das muß man einfach, und das konnte ich nicht mehr. Vor allen Dingen, es war auch zu wenig Geld. Wenn ich heute noch im Beruf arbeiten würde, dann müßte sich das schon echt lohnen.

Eine Bekannte von mir, die hat das auch gemacht und hat dann zu mir gesagt, versuchs doch mal. Und dadurch hab ich also angefangen. Das erste Mal war furchtbar irgendwie, das war grausam. Erstmal die Überwindung, jemanden anzusprechen, weil man ja ganz anders erzogen war. Ich hab drei Jahre auf dem Straßenstrich gearbeitet, aber ohne Zuhälter, den muß man nicht haben. Das liegt viel an den Frauen, ob sie sich anmachen lassen oder nicht. Aber für mich gab es nur eins, ich hab gearbeitet, und wenn ich Feierabend hatte, dann bin ich nach Hause gefahren. Da fing mein Privatleben an.

Wenn man da steht, das geht echt in die Beine, da macht man sich körperlich kaputt. Darum hab ich mir dann ein Apartment gesucht und hier angefangen, das ist jetzt genau ein Jahr her. Ich hab jeden Tag eine Anzeige in der Zeitung, außer sonnabends und sonntags. Aber es gibt welche, die rufen auch am Wochenende an. Dann mach ich trotzdem auf, das finde ich sonst unkorrekt den Menschen gegenüber. Ich denke da nämlich ein bißchen anders über dieses Gewerbe. Viele, die sagen zum Beispiel, innerhalb von fünf Minuten mußt du wieder raus sein. Und das finde ich unverschämt für 100 Mark. Ich mein, ich arbeite schon schnell, aber das finde ich echt frech. Wenn jemand kommt, den ich jetzt überhaupt nicht kenn, dann versuch ichs erst mal auf die nette Art, weil, 100 Mark sind im Prinzip für jeden Arbeiter viel. Na gut, man will sein Geld verdienen, aber man muß das auch ein bißchen menschlicher machen, eben nicht nur die Leute ausnutzen. Die kommen ja nicht nur her, um mit einem Mädchen ins Bett zu gehen, das ist nicht so, wie andere Leute sich das vorstellen, oh, die geht mit jedem ins Bett. Nein, im Prinzip sind das Leute, die zu Hause keinen haben, mit dem sie sich unterhalten können. Wenn ich erst mit ihnen red, dann haben sie ein ganz anderes Gefühl, kein unterdrücktes, ein lockeres Gefühl. Und das geht dann auch schneller als alles andere. Wenn ich da jetzt sag, so, innerhalb von fünf Minuten – da kannst du einen Menschen so schockieren, das ist unmöglich. Du kannst also praktisch Psychologie studieren dadurch.

Hemmungen hab ich nicht mehr. Zu Anfang hab ich immer gedacht, um Gottes willen . . . Aber im Prinzip vergißt du dadurch die Hemmungen, daß du das Geld siehst. Das hilft dir darüber weg. Aber manchmal gibt es auch Tage oder Punkte, wo ich dann sage, es kotzt mich an. Schon das Generve am Telefon, und wenn du dann noch mal welche siehst, die frech sind, die dich anekeln, vom Äußeren schon, das ist echt schlimm. Es gibt zum Beispiel manche, die glauben, sie können, wenn sie bezahlt haben, mit dem Mädchen machen, was sie wollen. Da sind sie bei mir falsch. Aber im Prinzip mußt du in einer Wohnung schon mehr machen oder aufpassen, weil du hier eben alleine bist. Du kannst das Pech haben, daß mal einer fies reagiert. Es hat mich auch schon mal einer aufs Bett geschmissen, da hab ich das Knie hochgehoben. In dem Moment gibt es so'n Schmerz, wenn du einem Mann in den Unterleib haust, dann weiß der gar nicht mehr, was los ist. Und dann sagst du, raus jetzt! Sie wissen ja nicht, ob hier noch jemand ist, das ist mein Vorteil. Wenn ich jetzt in einem Zimmer sitzen würde, wo die genau wissen, da kann kein anderer sein, dann wäre es ein Risiko.

Mit meinem Vater könnte ich über all das nicht so sprechen wie mit meiner Mutter. Ich weiß nicht, früher als Kind hab ich meinen Vater gehaßt. Der hat sich über Sachen aufgeregt, wo es gar nicht nötig war, über uns Kinder, über meinen Bruder und mich. Aber er hat uns das nicht gesagt, dazu war er zu feige, sondern er hat es immer meiner Mutter gesagt, und dadurch gab es immer so Krach und Theater. Ich hatte schon immer ein enges Verhältnis zu meiner Mutter. Ich mein, ich bin auch nicht gerade die ruhigste Tochter gewesen, ich hab auch viel gemacht. Dann bin ich mal zwei Tage weggewesen von zu Hause, aber das wurde dann richtig aufgeklärt mit ihr, warum und wieso und weshalb.

Nur einmal, da hab ich irgendwie so'n Haß auf sie gekriegt. Ich durfte nie was mitmachen, weder im Handball, noch durfte ich Bockspringen machen oder irgendwas, weil ich was mit dem Rückgrat hab. Und da bin ich mal nach Hause gekommen und hab gesagt, Scheiße, wenn man ein Krüppel ist. Und da ist sie verrückt geworden. Da hat sie zu mir gesagt, wie kannst du nur sowas sagen. Ich kann jemandem ziemlich weh tun, und damit hab ich ihr unwahrscheinlich weh getan, und das war nicht meine Absicht. Sie weiß ja nun, daß ich das nicht so gemeint hab, wie ich mich ausgedrückt hab. Und da hat sie gesagt, willst du mir Vorwürfe machen? Ich sag, das ist ja nicht deine Schuld. Und da hat das ziemlich lange gedauert, bis wir wieder richtig warm wurden.

Mein Vater hat mich mal gefragt, da war ich 16, bist du eigentlich schon aufgeklärt. Weil er sich immer gewundert hat, daß ich mal weggeh oder so. Und da hat meine Mutter zu ihm gesagt, bevor du sie aufklärst, kann sie dir höchstens noch was erzählen. Damals, als ich wissen wollte, woher die Kinder kommen, da hat sie mir das so ein bißchen erklärt. Nicht direkt, aber so'n bißchen. Sie hat nur gesagt, die werden im Mutterleib groß. Und da hab ich mich immer gewundert, irgendwie müssen die da doch reinkommen, bis wir das in der Schule hatten, und dann hab ich nachher mit ihr drüber gesprochen. Sie kam zwar nie so richtig damit raus, wie ich das heute machen würde, aber die sind ja nicht so frei, weil sie ne ganz andere Erziehung hatten.

Ich hab aber zum Beispiel neulich ein Thema mit ihr besprochen, da hätte ich nie geglaubt daß ich mit ihr darüber reden kann. Sie erzählte mir, mein Bruder wurde mal gesehen, als er aus so einem Club rauskam, genau dasselbe, wie ich jetzt mache. Und zwar gerade von seiner Schwiegermutter. Und das wurde nun aufgebauscht, und da hat sie mich gefragt, was ich dazu meine. Und da hab ich gesagt, du, das ist das Natürlichste, was es überhaupt gibt, daß er mal so reinguckt, denn da ist gar nichts gewesen. Und weil ich die Absicht hab, wahrscheinlich wieder nach M. zu ziehen, hab ich gesagt, früher hab ich Rücksicht genommen auf die Verwandtschaft. Jetzt hab ich ne Einstellung drauf, das interessiert mich gar nicht mehr. Das interessiert mich echt nicht, ob die das rauskriegen oder nicht. Und hab sie gefragt, ob sie das stören würde, wenn ihr jemand erzählt, daß ich so arbeite. Und da hat sie gesagt, das stört mich nicht. Das ist zwar komisch auf irgend ne Art, aber was solls. Weil ich ihr nämlich erklärt hab, wie das gemacht wird. Die Leute kennen das alle nur so, die Frauen haben zu arbeiten, kommen nach Hause und müssen das Geld abgeben und kriegen noch Schläge, wenn nicht genug da ist. Daß ne Frau auch alleine existieren kann in diesem Gewerbe, das merken die gar nicht. Aber dieser Unterschied ist ne ganze Menge.

Meine Mutter weiß, daß ich viel besser zurecht komme, als wenn ich jetzt verheiratet wär. Ich hätte schon längst verheiratet sein können, ich bin ja verlobt. Aber ich wollte nie heiraten. Ich bin zu jung, ich möchte noch was genießen, und solange ich nicht verheiratet bin, kann ichs noch. Ich finde das irgendwie besser, wenn man mit jemandem zusammenlebt.

Mein Bekannter, der sitzt gerade im Knast. Mit dem bin ich schon sieben Jahre zusammen, und das ist ne lange Zeit. Das ist für mich kein Zuhälter, ich hab das freiwillig gemacht, er hat mich nie dazu gezwungen. Aber ich hab ihm geholfen, denn er hat mir auch schon geholfen, er war immer für mich da, wenn irgendwas war. Wenn du Jahre mit jemandem zusammen bist, kannst du keinen hängenlassen, wenn er in der Scheiße steckt. Guck mal, das kann mir genauso passieren. Ich hab schon eine Wohnung gehabt, die im Werte von 50 000 war, das soll sich erst mal einer überlegen. Aber bevor man ihn jetzt im Stich läßt, da gibt man lieber was auf und verkleinert sich. So hab ich eben auch schon viel verloren. Wenn man sich sieben Jahre kennt, dann kann man sich praktisch kaum noch trennen. Ich mein, manchmal hat man einen Haß auf ihn, weil, irgendwelche Dinger kommen immer wieder raus oder da kommt immer wieder was Neues dazu. Aber ich verurteil ihn nicht, ich hab auch meine Fehler, und man kann über diese Fehler eben sprechen. Ich hab eine Zeit auch nicht viel Vertrauen zu ihm gehabt, hab ihm auch nicht alles gesagt. Jetzt weiß ich aber, daß ich ihm vertrauen kann. Früher hab ich auch die Einstellung gehabt, der will nur mein Geld, was aber gar nicht an dem ist.

Trotzdem, manchmal kriegt man so'n Haß, da könnte man hier alles stehen- und liegenlassen. Nicht nur auf den Job – auf diese ganze Umwelt. Durch irgend so'n blöden Mist kriegst du echt so'n Haß, das kann sich ein anderer Mensch nicht vorstellen. Gegen Menschen, die einem gar nichts getan haben oder die sich in dem Moment nicht wehren können. Er sitzt zum Beispiel, und er kann nichts machen, wie will er sich dazu äußern. Aber im Prinzip vermißt man ihn, du kannst nicht alles nur mit deiner Mutter oder Freundin besprechen.

Wenn er auf Urlaub kommt oder so, dann kann er machen, was er will. Ich will ihn nicht festbinden, und auf diese Art und Weise verstehen wir uns gut. Andere Frauen wollten ihn praktisch immer zu Hause haben, er durfte nirgendwo hingehen, durfte nicht dies und jenes machen. Ich freu mich, daß er kommt, und ich hab die Einstellung, er weiß, wo sein Zuhause ist. Er kann zwei oder drei Tage wegbleiben, das stört mich im Prinzip gar nicht. Er ist ja treu, weil er mir alles erzählt, was er macht. Bloß, er fand das dann nicht gut, weil wir ja auch zusammen sind, wenn ich gesagt hab, du, ich geh mal weg. Dann wollte er, na klar, wissen wohin, ist ja auch normal. Weil, die bringen heutzutage Sachen auf in diesem Gewerbe, die gar nicht wahr sind.

Als ich zum ersten Mal mit einem Mann geschlafen hab, da kannte ich meinen jetzigen Freund schon, da war ich 17. Das hab ich wohl mehr aus Haß gegen ihn gemacht, weil er keine Zeit für mich hatte. Irgendwie hab ich ne Wut auf ihn gehabt. Und dann hab ich jemanden kennengelernt, und da hab ich gedacht, der kann mich jetzt mal. Daß ich heute mit anderen Männern schlafe für Geld, stört ihn überhaupt nicht, er weiß es ja. Ich hab schon manchesmal gesagt, ekelt dich das gar nicht an, mich ekelt das zum Beispiel an. Ich war auch schon irgendwie abweisend ihm gegenüber, wenn er auf Urlaub gekommen ist. Weil, der Freund, der darf dann nicht so praktisch auf die Schnelle. Also, der muß das echt mit viel Liebe und Geduld machen, sonst kriegst du das Gefühl, du hast einen Freier vor dir, und das wird furchtbar. Das kann die beste

Freundschaft kaputtmachen. Da kannst du dich noch so lange kennen, weil du dann immer das Gefühl hast, um Gottes willen, was ist das.

Meine Mutter kennt meinen Freund, sie hat auch nichts gegen ihn. Sie hat immer gemeint, das ist alles noch so in Ordnung, und hat sogar gesagt, so lange wie er im Knast ist, ist das praktisch deine Pflicht, zu ihm zu halten. Sie findet es jetzt fies, wenn ich zu ihm sagen würde, du kannst mich mal, du sitzt ja sowieso, kann ich dich auch hängen lassen. Sie hat gesagt, mindestens so lange, wie er drinnen ist, müßte ich zu ihm halten, auch, wenn sonst nichts mehr läuft. Daß er immer das Gefühl hat, es ist noch jemand da.

Er hat zum Beispiel kein gutes Elternhaus gehabt, und ich finde, ich hab ein gutes. Seitdem ich von zu Hause weg bin, seit den vier Jahren, bindet sich das immer mehr. Meine Eltern hatten mal ne Ehekrise, da wollten sie sich scheiden lassen. Und da haben wir dann drüber gesprochen, das wäre Blödsinn. Ihr habt euch praktisch aufgeopfert für die Kinder, als sie klein waren, warum fangt ihr jetzt nicht endlich mal an, das Leben zu genießen. Das finde ich nicht gut, wenn man soundsoviele Jahre zusammengewesen ist und sich dann auf einmal scheiden läßt. Und für meinen Vater war das praktisch ne Aufmunterung, daß wir darüber sprechen konnten, er hat nie geglaubt, daß er mit seinen Kindern über so was reden könnte. Er war immer viel weg, er war viel auf Montage im Ausland. Er mochte uns zwar, aber hat eben nie seine Kinder so richtig für sich gehabt, so praktisch den ganzen Tag. Und das ist das gewesen, was er nicht verkraften konnte. Er wollte zwar bei seinen Kindern sein, konnte es aber nicht, weil er ja Geld verdienen mußte.

Ich merke zum Beispiel, daß mein Vater eifersüchtig auf meine Mutter und mich ist. Er sagt immer zu ihr, willst du nicht wieder zu deiner Tochter nach B. fahren. Er hat das Gefühl, ich trau ihm nicht so, wie ich jetzt meiner Mutter trau, und das ist schlecht, weil er das meine Mutter irgendwie spüren läßt. Mein Vater weiß auch nicht, was ich mach, mein Vater ahnt es. Er hat mal zu meiner Mutter gesagt, deine Tochter geht auf den Strich, wo sie sich aber nicht weiter zu geäußert hat, weil er dann nicht mit mir Theater macht, sondern mit ihr. Obwohl sie ja nichts dafür kann, weil ich ja mein eigenes Leben führ. Aber es wäre furchtbar für mich, ihm das auf den Kopf zuzusagen, was ich mach. Das könnte ich nicht. Weil, mein Vater hält ne ganze Menge von mir, und ich möchte ihn da nicht enttäuschen oder irgendwas. Meine Mutter ist schon hiergewesen, wenn ich gearbeitet hab, das stört sie nicht. Wenn sie in der Küche ist und jemand kommt, dann macht sie die Tür zu. Da hat sie nur mal zu mir gesagt, du verdienst dein Geld aber ganz schön schnell. So würd ich mein Geld auch noch verdienen. Und da hab ich gesagt, das würd ich an deiner Stelle aber nicht machen. Wenn du das machst, dann würd ich dich nicht mehr angucken. Und da hat sie mich nur gefragt, warum, du machst das doch auch. Ich könnte jetzt doch genauso reagieren wie du, und da hab ich gesagt, ne, dafür bist du meine Mutter.

Auch, wenn meine Tochter mal so was machen würde wie ich, ich glaub, dann würd ich auf die Barrikaden gehen. Das würd ich nie verkraften können, das würd ich nie abkönnen. Da müßte sie mir schon gewisse Gründe sagen, wieso und weshalb. Wenn sie zum Beispiel viele Schulden hat, dann würde ich ihr das vielleicht erlauben und würde ihr aber sagen, höchstens zwei Jahre, nicht länger. Also, das würde ich wahrscheinlich noch akzeptieren. Länger als bis 27 möchte ich das echt auch nicht machen. Guck mal, ich hab den Absprung geschafft, vom Straßenstrich wegzukommen, dann werd ich wahrscheinlich diesen Absprung auch noch schaffen. Dann möchte ich meinen Meister machen, egal wie, und dann mach ich ein Geschäft auf.

Wenn mir eine Freundin erzählen würde, daß mein Vater bei ihr gewesen wäre, dann würde ich auch einen Haß kriegen. Ich würde zu meinem Vater hingehen und würde sagen, du bist ne Sau, oder ein Schwein. Und das hab ich mit meiner Mutter jetzt mal durchgesprochen, und da hat sie gesagt, warum würdest du das machen. Hab ich gesagt, weil ich das nicht korrekt dir gegenüber finde. Und da hat sie nur zu mir gesagt, du darfst nicht vergessen, daß wir mal älter werden. Du, sagt sie, die Frauen haben selber schuld, wenn ihre Männer fremdgehen. Das akzeptiert sie noch eher, sagt sie, als wenn er sich jetzt ne Freundin sucht. Sie hat mir erzählt, sie hat auch nicht immer die Lust, und dadurch kommt es irgendwie mal. Sie sagt, ein Mann ist praktisch länger sexuell in Antrieb als ne Frau. Wenn die älter wird oder sie kommt in die Wechseljahre, dann hat sie nicht mehr so die Lust. Und sie würde das zum Beispiel voll akzeptieren, wenn mein Vater irgendwo hingehen würde. Ich hab auch nie geglaubt, daß sie so offen darüber sein würde, weil ich früher immer das Gefühl gehabt hab, sie würde mir niemals erzählen, wie die Verhältnisse zwischen meinem Vater und ihr sind. Aber dadurch hab ich das ja rausgekriegt.

Ich ziehe meine Mutter wirklich noch meinem Freund vor. Ich würde für meine Mutter durchs Feuer gehen. Sie hat mir immer das gegeben, was ich gebraucht hab, irgendwie ne Wärme, was viele nicht haben. Aber ihr zuliebe aufhören, das könnte ich nicht, obwohl ich sie gerne mag. Aber da muß sie mich verstehen. Ich würde herzlich gerne nur ihretwegen nach M. ziehen, weil ich dann immer in ihrer Nähe bin, weil ich mir echt Sorgen um sie mache. Sie hat jetzt zum Beispiel ein offenes Bein, und darüber zerbrech ich mir unwahrscheinlich den Kopf. Ehrlich, wenn meine Mutter nicht mehr da wäre, das wäre furchtbar, das wäre grausam für mich. Ich glaube, ich würde daran zugrunde gehen. Ich hab mich immer irgendwie an meine Mutter geklammert.

Neulich, mittags um zwölf, da kriegte ich es auf einmal im Kopf. Da hab ich gesagt, mich kotzt das hier an. Manchmal schreib ich dann Briefe, um mich abzulenken, oder ich fang an, hier sauberzumachen. Und da hab ich sie angerufen und gesagt, du, ich komm gleich. Setz mal zu um halb drei Kaffee auf. Ich weiß nicht, ich kriegte wohl irgendwie so halbwegs das Schlucken am Telefon, und da sagte sie, was hast du. Und ich sag, hier ist alles Scheiße, ich fahr gleich zum Bahnhof und komm nach Hause, Na ja, dann war ich drei Minuten nach halb drei zu Hause, und da kam sie aus der Haustür und sagte, drei Minuten zu spät. Sagt sie, irgendwo hab ich gemerkt, du brauchst jemanden, mit dem du dich unterhalten kannst. Und da sag ich, ja, du bist immer diejenige, die den Kopf dafür hinhalten muß.

Da lief zum Beispiel schon mal ein Haftbefehl gegen mich. Da haben sie Fingerabdrücke von mir genommen, der Erkennungsdienst, und da mußt du die Adresse von deinen Eltern angeben. Und dann ist ein Polizist zu ihr gekommen, und das ist ja peinlich, so Polizei auf einmal. Das war ein Privatwagen, aber ich mein, wenn der die Uniform anhat, ist das witzlos. Und dann hat er zu meiner Mutter gesagt, ist das Ihre Tochter, hat ihr ein Foto gezeigt von mir. Und meine Mutter hat gleich wieder gedacht, die ist tot. Und da hat er nur gesagt, Frau B., beruhigen Sie sich, die lebt. Aber wissen Sie, daß Ihre Tochter als Prostituierte arbeitet? Und da hat sie gesagt, ja, das weiß ich. Und da hat er denn zu ihr gesagt, können Sie Ihrer Tochter das nicht ausreden, und da hat sie gesagt,

171

ausreden, versuchen Sie ihr das mal auszureden. Und ich
möchte ihr das auch nicht ausreden. Und da hat er gesagt,
finden Sie das gut, was Ihre Tochter macht, das ist doch
grausam. Und da hat sie gesagt, das, was Sie unter
grausam verstehen, das kann ich von meiner Tochter nicht
behaupten.

Meine Mutter akzeptiert meine Einstellung. Sie liebt
mich, sie liebt mich mehr wie meinen Bruder. Du kennst
doch sicher den Film »Jenseits von Eden«, der Gute und
der Schlechte. Und jetzt hab ich zu meiner Mutter gesagt,
ja, ich bin die Schlechte, nicht? Und da hat sie gefragt, in
welcher Beziehung ich schlecht bin. Und da hab ich
gesagt, na ja, ich hab schon Kontakt gehabt mit der
Schmiere und alles mögliche. Und da sagt sie, bist du gar
nicht.

Aber irgendwie, auf eine Weise, hab ich immer ein
schlechtes Gewissen, wenn ich meine Mutter seh. Ich hab
die Einstellung, so was hätte ich ihr wahrscheinlich nicht
antun dürfen, dafür war sie zu besorgt um mich. Ich seh
wahrscheinlich immer drüber weg über das schlechte
Gewissen, ich wills wahrscheinlich nicht wahrhaben. Ich
wills mir selber nicht antun oder irgendwas. Da muß ich
ganz schnell drüber wegsehen, sonst krieg ich das
Grübeln, und wenn ich ins Grübeln komm, das ist
furchtbar, weil, dann kommt einem alles hoch, und so
kommt der Haß dann auf.

Nina E., 37, verheiratet, ein Sohn,
Journalistin:

*Wahrscheinlich hat sie immer noch gedacht,
die und ein Mann . . .*

In einem Fotoalbum habe ich mal Bilder von meiner Mutter gefunden, aus der Zeit vor der Ehe, und ich habe nicht bemerkt, daß das meine Mutter ist. Weil da eine unheimlich braungebrannte, tolle, schöne Frau war, die sich tummelt und Ski läuft und lacht. Meine Mutter hat geheiratet, da war sie schon 32 Jahre alt. Sie war bis dahin immer berufstätig, sie war Lehrerin, und sie hat gut Geld verdient. Die Frau, die ich als Mutter erlebt habe, hatte mit dieser nicht mehr viel zu tun. Ich hab das lange nicht in den Kopf gekriegt, daß das dieselbe Person sein soll.

Mein Vater war Schulleiter in einem kleinen Ort, und meine Mutter hätte ja unter seiner Regie arbeiten müssen. Und sie hat gesagt, wenn sie in die Schule gegangen wäre, dann hätte sie meinen Vater, den sie sowieso schon als den Herrn im Haus hatte, nun auch noch im Beruf als ihren Herrn gehabt, und das hätte sie noch weniger durchgehalten. Sie hat immer darunter gelitten, daß sie Haushaltsgeld zugeteilt bekam und kein eigenes Geld hatte. Manchmal, wenn mein Vater Ferien hatte, hat sie gesagt, ich fahr nicht mit, und hat die ganze obere Etage an Kurgäste vermietet, um eigenes Geld zu verdienen. Und das Geld hat sie ganz glücklich in Umschläge getan, das war ihr eigenes. Das weiß ich noch, ich habe mir geschworen

175

damals, sollte ich doch mal heiraten, nie will ich Hausfrau werden und mir von einem Mann Geld zuteilen lassen. Und wenn ich zugrunde gehe, aber das auf keinen Fall. Ich weiß, daß das fast krankhaft ist.

Und dann kam für meine Mutter nach diesen Jahren, wo sie nur Hausfrau war, der Tag, an dem mein Vater pensioniert wurde. Und sie, die immer Heimweh gehabt hatte, zieht zurück nach B., zwingt ihn regelrecht, mitzugehen, und geht wieder in den Beruf. 60 Jahre war sie alt und unterrichtete wieder Berufsschüler, das finde ich immerhin ganz beachtlich. Kam mit denen prima klar, blühte auf, kaufte sich wieder wie vor der Ehe Schuhe und Klamotten und sagte zu meinem Vater zum Beispiel, jetzt fahren wir mal fünf Tage an die Riviera oder so was. Unwahrscheinlich aktiv, wie umgedreht seitdem.

Heute nähert sich unser Verhältnis immer mehr an, wir sind fast gleichberechtigt, aber früher . . . Ich erinner mich so an eine Szene, da war sie mal mit mir bei einer Familie zu Besuch, ich schätze, da war ich so 13. Und da erzählte sie dann, zu Hause hab ich noch eine Tochter, eine hübsche, richtig schöne blonde Tochter. Ich hab die damals ja selbst hübscher gefunden, finde ich heute noch. Aber das hätte sie zumindest doch nicht so sagen müssen, sie hat bestimmt gewußt, daß ich in einer Zeit voll Pickel und Minderwertigkeitskomplexen steckte. Das war für mich das Allerschlimmste, daß sie mich nach außen verraten hat.

Meine Mutter hat meine Schwester immer schöner gefunden. Die ist blond, und meine Mutter ist dunkel. Meine Schwester ist groß, meine Mutter eher klein, und ich kam mehr auf sie raus. Es war für sie wohl einfach ein Traum, ein blondes großes Mädchen zu haben. Ich glaube, so in den ersten Jahren, bis ich fünf oder sechs war, habe ich das alles nicht so empfunden. Dann bin ich mal ein Jahr weggeschickt worden zu meinen Großeltern. Und als ich wiederkam, da habe ich gemerkt, daß sich ein ganz inniges Verhältnis zwischen meiner Mutter und meiner Schwester angebahnt hatte. Und das hat sich eigentlich nie wieder geändert, jedenfalls nicht, solange ich zu Hause war.

Ich hab meine Schwester unbewußt gehaßt, und das Allerschlimmste ist, daß die jetzt, wo wir älter sind und darüber reden können, sagt, daß sie mich, ohne es sich ganz klar zu machen, genauso gehaßt hat. Daß sie ihre Rolle satt hatte, schön, aber eben gleichzeitig dumm zu sein. Die hat nämlich einmal in der Schule versagt, ist sitzengeblieben, und da war das ganz klar, daß sie sie vom Gymnasium genommen haben. Da steckte so dahinter, das schöne Mädchen – Mittelschule tuts auch. Da kommt sowieso ein Prinz und nimmt die Schöne mit. Sie sagt heute, was meinst du, wie ich dich gehaßt habe, daß du klug bist. Es ist doch völlig wurscht, ob du eingeredet gekriegt hast, du kriegst keinen Mann. Viel schlimmer ist, immer nur zu hören zu kriegen, du bist schön und sonst hast du nichts.

Manchmal, wenn ich mir Fotos von mir ansehe, und es gibt ein paar ganz schmeichelhafte, dann bin ich ganz verblüfft. Dann denke ich, Mensch, so sehe ich aus, eigentlich ganz passabel. Und dann sagt der Bernd zu mir, ja, siehst du auch, ich finde, du bist richtig hübsch. Dann sag ich, hübsch will ich ja gar nicht sein, und dann sagt er, du hast ein komisches Bild von dir, und du siehst wirklich so aus wie hier auf dem Foto. Und dann denke ich, da hatte ich einen guten Moment. Das kriegst du nicht aus mir raus, obwohl ich mir heute nicht dauernd klarmache, wie mich meine Mutter fand, das find ich inzwischen selber.

In der Tanzstunde, so die ersten Erfahrungen, die man in unserer Generation machte mit Männern oder Jungen, hab ich zwar einen Herrn abgekriegt, aber als wir

Schlußball machten, machte der mit mir drei Anstands-
tänze, und im übrigen verguckte er sich an dem Abend in
eine andere. Er hat mich ganz schnell nach Hause
gebracht, weil es sich so gehörte, und ist dann mit der
anderen zusammengeblieben. Sicher, ich war traurig,
aber andererseits hatte ich das schon regelrecht erwartet.
Mir kann ja nur so was passieren – das habe ich, glaube
ich, direkt ausgestrahlt. Ich habe sowieso nicht damit
gerechnet, daß ich zu denen gehören würde, die da
strahlend und schön und verliebt tanzen, ich konnte mir
das sowieso überhaupt nicht vorstellen.

Mein Vater, der hat mich allerdings toll gefunden. Ich
war ja sein erstes Kind, meine Schwester ist zwei Jahre
jünger. Er war fürchterlich stolz darauf, als ich zur Welt
kam, der war da schon 42 Jahre alt. Das hätte auch jemand
anders sein können, das war einfach dieses Erstgeborenengefühl, ich hab jetzt ein Kind. In meiner Kindheit und
Jugend war ich ungeheuer auf ihn fixiert. Der fand mich
besser, und meine Mutter fand meine Schwester besser.
Manchmal hab ich heimlich dahin geschielt und gedacht,
eigentlich wäre ich gern sozusagen auch mal ein bißchen
Mutters Liebling. Man muß ja, gerade wenn man erwachsen wird, auch von einer Frau akzeptiert werden, aber das
war nicht so.

Es ist vielleicht nicht so, daß meine Mutter mich
stinkhäßlich gefunden hat, aber sie findet ganz einfach
viele andere schöner. Freundinnen, die mir in keiner
Beziehung im Typ ähnlich waren, das waren immer die,
die mir als schön vorgehalten wurden. Immer, immer eben
Blonde. Mein Vater hat dann immer zu mir gesagt, ich sei
klug, und in der Schule lief auch alles problemlos, und ich
bin dadurch auf die Linie geraten, schön bin ich nicht, ich
bin die Kluge, die andere ist die Schöne. Dann hieß es auch
immer, die heiratet sowieso nicht, im Haushalt kann sie

auch nichts, die hat zwei linke Hände. Die studiert, und dann hat sie einen schönen Beruf. Ich meine, das war dann auch ganz bequem für mich, ich mußte dadurch natürlich nicht im Haushalt helfen. Das kannst du ja auch mal so rum sehen, daß es gemütlicher ist, im Liegestuhl zu liegen und zu lesen, als zu lernen, wie man Bratkartoffeln macht.

Als ich dann wegging, um zu studieren, war eigentlich mein Vater unheimlich traurig, meine Mutter nicht. Aber sie hat meine Schwester nicht gehen lassen. Die ist mit über 20 noch im Elternhaus gewesen und hat dann ihre ersten Freunde notgedrungen mitgebracht und auch mit denen da übernachtet, und dann hat meine Mutter in der Tür gestanden und gesagt, du Hure, und solche Sachen. Ich hatte diese Probleme nicht, weil ich überhaupt erst anfing mich zu befreunden, als ich schon aus dem Haus war. Als ich den Bernd, mit dem ich jetzt verheiratet bin, zum erstenmal mit nach Hause brachte, passierte insofern nichts, weil das der Sohn einer Jugendfreundin meiner Mutter war. Und da hat sie den gar nicht in dem Zusammenhang gesehen, daß das was mit mir zu tun hatte. Sie hat das auch gar nicht für möglich gehalten, wahrscheinlich hat sie immer noch gedacht, die und ein Mann . . . Wir haben oben im ersten Stock unseres Hauses zusammen geschlafen. Wir hatten eine enorme Narrenfreiheit, weil sie gar nicht auf die Idee kam.

Als mir der Bernd später einen Heiratsantrag gemacht hat, da war ich völlig verschreckt, weil ich so Angst vor dem Heiraten hatte. Ich hab ihn damals gebeten, ob wir nicht so zusammenbleiben könnten. Wir haben das auch eine ganze Weile gemacht, und im Grunde war er es, der auf der Ehe bestand. Ich hab Alpträume gehabt in den Tagen, bevor diese Heiraterei losging, ich hab klatschnaß auf meinem Bett gelegen. Da kam wieder diese Identifizierung mit meiner Mutter. Ich dachte, auch wenn es der

Bernd ist, der mich sehr gern hat, jetzt komme ich automatisch in diese Rolle rein, Ehefrau, vielleicht auch mal Mutter, und dann ist es genauso. Davor habe ich eine wahnsinnige Angst gehabt, eine ungeheure Angst, und die hat bestimmt noch zwei Jahre angehalten, als wir schon verheiratet waren.

Das Verhältnis zu meiner Mutter hat sich, glaub ich, erst geändert, als mein Vater gestorben ist. Das ist jetzt etwas mehr als zwei Jahre her. Das war für mich eines der schrecklichsten Erlebnisse, die ich überhaupt je in meinem Leben hatte. Ein ganz schreckliches Erlebnis und andererseits – ich finde es ganz schlimm, was ich jetzt sage – hatte ich das Gefühl, daß ich dadurch freier geworden bin. Das ist ganz fürchterlich, ich wage das eigentlich immer noch nicht zu sagen. Ich habe da unter einem sehr starken Einfluß gestanden, wenn auch vielleicht positiv, und dadurch war natürlich das Verhältnis zu meiner Mutter sehr getrübt. Wenn ich früher nach Hause gekommen bin, ich meine als Erwachsene, dann war das immer so, daß er mich ganz für sich haben wollte, und meine Mutter, die damals schon mehr Lust hatte, auch mal mit mir zu reden, kam dabei zu kurz. So war das Verhältnis sehr gespannt zwischen meiner Mutter und mir. Erst nach dem Tod meines Vaters, da haben wir wirklich zueinandergefunden.

Das hat sich dann sehr langsam weiterentwickelt, weil ich mindestens ein Jahr lang mit wirklichem Kummer und Leiden zu kämpfen hatte und manchmal bei meiner Mutter das Gefühl hatte, sie kann gar nicht so um ihn leiden wie ich. Das waren ganz seltsame Rivalitätsgefühle, weil ich dachte, er hat mir ja viel näher gestanden als ihr, und ich habe den Schmerz gepachtet. Das wurde dann irgendwie schwächer, und dann war auch ein Weg frei zwischen uns beiden.

Ich würde sagen, wir kommen uns heute näher, immer näher. Irgendwann konnte ich ihr sogar sagen, daß ich solche Angst hatte vorm Heiraten, weil ich nie so werden wollte wie du damals, du mußt doch oft sehr unglücklich gewesen sein. Und da hat sie zu mir gesagt, war ich auch.

Ich hab sie eigentlich zu wenig als Frau gesehen in den Jahren, als ich jung war, ich hab sie wirklich nur als Mutter gesehen. Als jemand, der verdammt noch mal dafür zuständig ist, daß es sauber ist und daß das Essen da ist, daß der Hintergrund klappt. Ich hab mir eigentlich kaum Gedanken drum gemacht, daß sie auch Bedürfnisse hat, und das ist verdammt ungerecht von mir. Stell dir mal so eine Frau vor, die in der Großstadt aufgewachsen ist und dann den ganzen Tag nichts andres macht, als in einer Kleinstadt rumzusitzen und zwei Gören zu versorgen und einen Mann, der schon mittags immer aus der Schule kommt und ein Mittagessen erwartet, die da versauert. Das geht mir kalt über den Rücken.

Als ich so elf oder zwölf war, hab ich mal mitgekriegt, daß sie wegfuhr. Und daß sie dann irgendwann wiederkam und es einen unheimlichen Krach gab. Das habe ich so halb mitgekriegt, und meine Mutter hat mir später erzählt, sie war damals verliebt, und sie war bei dem Mann, und der wollte, daß sie weggeht. Den hatte sie früher schon gekannt und der hat gesagt, du bist ja todunglücklich geworden, ich kenne dich gar nicht wieder, bleib da nicht länger, wir beide fangen von vorne an. Und sie hat es auch ziemlich fest vorgehabt, aber mein Vater hat dann zu ihr gesagt, die Kinder bleiben hier bei mir. Das ist eine ziemliche Erpressung für sie gewesen, denn sie muß doch auch an uns gehangen haben. Sie hat, glaube ich, sehr gelitten, aber sie ist dann geblieben.

Ich hab sie mal gefragt, warum sie eigentlich Kinder gekriegt hat, und meine Mutter hat erst so drum rumgere-

181

det, und dann kam ein Satz, der war so ähnlich wie: Ach, alle meine Freundinnen waren doch schon verheiratet und hatten Kinder, da wollte ich auch. Und deswegen hab ich manchmal den Verdacht, daß sie eigentlich gar nicht von ihrem Gefühl her Kinder wollte. Sie war nämlich auch überhaupt nicht zärtlich. Von ganz früher her ist mir in Erinnerung, daß ich ihr auf den Schoß kletter, mit ihr schmusen will, und daß sie mich wegschiebt und sagt, geh zu deinem Vater, mach das da. Was ich dann auch tat, ich hab mit meinem Vater wahnsinnig geschmust. Merkwürdigerweise ist sie heute aber mit ihrem Enkel sehr zärtlich. Ich war völlig verblüfft zu sehen, daß er zu ihr ins Bett kriecht, und sie sich im Arm haben, und dann spielen sie unter der Bettdecke irgendwas Verrücktes, spielen Bauernhof und krähen und machen muh und spielen lauter Tiere, alles, wovon ich geträumt hätte als Kind. Ich habe immer gedacht, daß ich gar nicht mit einem Sohn klarkommen könnte, weil ich ja eine Schwester hatte und keinen Bruder. Ich dachte, ich wüßte überhaupt nicht, wie man mit einem Jungen umgeht. Und jetzt bin ich eigentlich ziemlich froh, daß es keine Tochter ist, weil ich dieses Verhältnis zu meiner Mutter in der Kindheit doch sehr schwierig sehe, und ich hätte da eher Angst, in ähnliche Fehler zu verfallen oder überhaupt nicht recht zu wissen, wie das geht. Und dadurch, daß es ein Junge ist, erlebe ich das wie ein neues Abenteuer. Ich finde das viel leichter, weil ich ihn praktisch wie eine fremde Person sehen kann.

Obwohl ich jetzt schon unheimlich lange verheiratet bin, hat meine Mutter mal diesen berühmten Satz gesprochen, du weißt doch gar nicht, was Ehe ist. Ich habe sie gefragt, wieso, und sie hat gesagt, wie ihr beiden zusammenlebt, das ist keine Ehe. Ich glaube, daß der Gedanke dahintersteckt, sie hat jetzt dasselbe wie ich, hat den Status der Ehefrau, aber im Grunde genommen hat sie gar nicht die Schattenseiten, die dazugehören müssen. Sie sagt sehr oft zu mir, was ich doch für ein enormes Glück gehabt hätte, diesen Mann zu bekommen. Zugegeben, er ist ein prima Kerl, aber ich sage dann, da muß doch auch irgendwas an mir dran sein, wenn dieser Mann es so lange mit mir aushält. Ich weiß, es ist sehr mutig, das zu sagen. Da hat sie gelacht, aber ich hätte es auch ganz schön gefunden, wenn sie mal gesagt hätte, na gut, dann hast du auch irgendeine Qualität. Aber das ist immer nur so – die hat Glück gehabt. Wenn ich dann sage, vielleicht habe ich auch irgendwas an mir, dann sage ich das wirklich mit dem Mut der Verzweiflung. Ich glaube wirklich nicht, daß sie so was sagt, um mich zu ärgern, sondern daß sie das echt so sieht. Daß sie vielleicht denkt, eigentlich hätte meine Schwester das kriegen müssen, ich weiß nicht.

Sie war, glaube ich, nie irgendwie stolz auf mich. Zu einer Klugen gehört für sie ein anderer Beruf; das Fräulein Doktor W. unterrichtet Chemie und Biologie, so was. Aber was ich mache, das ist nichts. Der letzte große Zank, der mit meiner Mutter stattfand, der auch mit Tränen endete, war ganz kurz, bevor mein Vater starb. Da waren meine Eltern beide hier zu Besuch, und ich sagte zu ihr, ich müßte nochmal in die Redaktion oder so. Und da fuhr sie mich an, du immer mit deinem Bürogehocke. Da hat sie mich so abqualifiziert als jemanden, der so im Büro sitzt und da rumtippt, und ich finde schon, daß ich ein bißchen was anderes mache. Da war ich so beleidigt, weil es so deutlich ausgesprochen war, was sie von meinem Beruf hält. Das fand ich unwahrscheinlich kränkend, da habe ich die Tür zugeschlagen und geheult und gesagt, ich rede mit dir nicht mehr. Weil ich mich da im Kern mißverstanden fühlte, in dem Leben, das ich führe.

Trotzdem ist unser Verhältnis heute eigentlich sehr gut. Ein Beispiel dafür ist, daß ich regelmäßig länger in B.

bleibe, als ich vorhabe. Ich nehme mir vor, ich bleib so
zwei oder drei Tage, und meistens werden es vier oder
fünf. Weil sie wieder so ist wie früher, unternehmungslu-
stig, und sich was ausgedacht hat, was wir machen
können, und Leute einlädt und so. Das Verblüffendste ist,
der Bernd, der auch sehr an ihr hängt, hat zu ihr gesagt,
fahr doch mit uns nach Frankreich. Wir hatten eine
Ferienwohnung gemietet, eine recht große, wo sie auch ein
eigenes Zimmer gehabt hätte. Aber sie hat es nicht
gemacht. Sie wollte nicht, sie wollte einfach nicht mit mir
zusammen Urlaub machen. Sie will ihre Unabhängigkeit.
Eigentlich war meine Mutter vor ihrer Ehe wohl eine
emanzipierte Frau, und jetzt ist sie es wieder.

Ulla K., 40, geschieden, eine Tochter,
Sängerin:

*Sie ist süchtig nach mir . . .*

Meine Mutter hat etwas Fatales, was bei ihr im Alter noch stärker wird: Sie behandelt mich immer noch wie ein kleines Mädchen. Das äußert sich schon in der Art, wie sie mit mir spricht. Sie verändert sofort ihre Stimme, wenn sie mit mir spricht, ich bin dann ein Baby. Heute noch! Und sie erzählt anderen Leuten, was mich auch wahnsinnig macht, in meiner Gegenwart immer Babygeschichten von mir. Sie macht das in einer so degoutanten Weise, daß ich es ihr einfach auf brutale Weise beibringen muß, was ich auch nicht mag. Ich bin manchmal sehr brutal zu ihr. Dabei ist unser Kontakt eigentlich sehr liebevoll, denn ich hab sie unheimlich lieb, und sie tut mir ungeheuer leid, und ich bin für sie da. Das ist verrückt!

Sie kritisiert alles, was ich mache, oder hört überhaupt nicht zu, was ich mache. Auf der anderen Seite bin ich für sie das Größte, was es auf der Welt gibt. Und ich hasse das! Ich bin nicht unkritisch das Größte, ich bin aber auch nicht unkritisch der letzte Dreck. Klar und ohne Emotionen Sachen beurteilen, die ich bin, mache oder tue, das kann sie nicht, sie ist immer nur extrem. Das ist fürchterlich. Und überhaupt redet sie in meiner Gegenwart zum Beispiel, was völlig bekloppt ist, alle meine Männer, die sie nicht umgehen konnte, weil sie entweder mit mir verheiratet oder liiert waren, einfach nicht an. Also, der Mann sitzt neben mir. Dann sagt sie, glaubst du, er würde das gerne essen? Sie fragt ihn nie selber. Dann sag ich, entschuldige mal, der sitzt neben mir, frag ihn doch! Es läuft immer noch so ab . . . Sie ignoriert unbewußt seine Gegenwart und spricht mit mir. Im Grunde bin ich immer noch das kleine Kind ohne Männer. Und das ist etwas, was mich aufregt bis zur Weißglut.

Und dann auch diese Süchtigkeit nach mir, sie ist süchtig nach mir! Wenn ich im Raum bin, sieht sie niemand anderen an, sie sieht nur mich an. Anbetend. Völlig verrückt, absolut verrückt. Ich muß mich immer zusammennehmen, ich verletze sie ja permanent, wenn ich immer sage, laß mich in Ruhe oder so. Dauernd hab ich Schuldgefühle ihr gegenüber, weil ich ihr nicht alles das geben kann, was sie im Grunde haben will. Sie will ja alles von mir haben, Mann, Tochter, am liebsten auch noch Liebhaber.

Immer wenn ich sie besuche und das so abläuft, sage ich mir, das kann ein intelligenter Mensch doch alles nicht machen. Aber ich kann es auch nicht auf einen Krach drauf ankommen lassen, denn wenn ich es tue, das macht mich auch so verrückt, müßte ich ihr alle Wahrheiten dieser Welt auf einmal sagen. Und sie kann es ja nicht mehr ändern, ihr Leben ist gelaufen.

Meine Mutter ist in einem Elternhaus großgeworden, wo ein tyrannischer, ungeheuer dominanter Vater war, ein irrsinnig energiegeladener Mensch. Er hatte drei Töchter, sie war die älteste und mit Sicherheit die intelligenteste von den dreien. Er hat, unausgesprochen wohl, immer einen Sohn haben wollen und war wohl offensichtlich maßlos enttäuscht, daß sie eine Tochter war. Er hat sie später auch zwingen wollen, seinen Beruf weiterzumachen, er war Arzt. Das hat sie abgelehnt. Sie hat alles abgelehnt, was er gemacht hat. Sie war von ihrem Gedankengang her mit Sicherheit emanzipatorisch, ohne zu wissen, was das ist und wie man so was realisieren kann. Sie hat es auch nie realisiert, aber sie hat das alles gehaßt, diese Unterdrückung. Und diese verklemmte Vorgeschichte, die hat sie ungeheuer geprägt. Sie hat nur in einem Ding opponiert für sich und ihr Leben, sie hat einen künstlerischen Beruf gemacht, was für ihn eine ganz große Enttäuschung war. Aber sie hatte nicht die Kraft, sich wirklich durchzusetzen.

Sie war auch sexuell eine Spätentwicklerin, weil sie so wahnsinnig verklemmt aufgezogen worden ist. Und die Wahl meines Vaters war sicher auch ein Affront gegen meinen Großvater. Er war weder ein Geschäftsmann noch ein Jurist oder ein Arzt oder irgendwer, sondern er war ein vollkommener Freak. Er war eigentlich auch ein schlimmer Mensch, nicht bewußt, unbewußt. Wenn ich es heute betrachte, hat sie eine unwahrscheinliche Begabung mitgekriegt, einen irrsinnig gut funktionierenden Verstand, und sie hat trotzdem ihr ganzes Leben lang total an sich als Person vorbeigelebt. Sie hat nie gelernt, zu sich selber zu stehen und mal die Wahrheit zu erkennen. Insofern hat sie mich natürlich auch verklemmt erzogen. Sie war wahrscheinlich erotisch unheimlich interessiert und hat das auch verleugnet. Sie hat alles verleugnet, was sie selbst ist. Wahrscheinlich, um sich selbst zu schützen, weil sie ziemlich extrem war. So im nachhinein und in Kenntnis ihrer Person glaube ich, daß sie eigentlich absolut die Riesenfreiheit im Kopf gehabt hat und auch die Begabung dazu, das zu machen, und dann hat sie so eine Angst gehabt. Sicher auch geschwächt durch Situationen von außen. Mein Vater hat sie nur betrogen und hat ihr abends immer Schlaftabletten in den Tee getan, damit er abhauen konnte.

Sie war Musikerin und hat erst mal frei gearbeitet und komponiert, und dann hat sie in einem Orchester gespielt, um Geld zu verdienen. Und dann wurde diese Entwicklung durch den Krieg und die Scheidung abgebrochen. Ich war zwei, da fing die Scheiße an, daß sie uns alles wegnahmen und wir zusammengepfercht mit anderen jüdischen Familien in einer Wohnung hausten, fünf Familien, glaube ich. Als es immer brenzliger wurde, wurde ich unter falschem Namen ins Kinderheim gebracht. In der Zeit passierte die Scheidung, da war ich so dreieinhalb, glaube ich. Ich habe praktisch an meinen Vater kaum eine Erinnerung, nur aus späteren Treffen. Eigentlich gibt es für mich als Bezugsperson nur meine Mutter.

Mein Großvater hat ihr dann nach dem Krieg eine Ausbildung bezahlt, sie ist dann Lehrerin geworden und hat noch mehr gegen ihr eigenes Leben gelebt. Sie hat in diesem Beruf zwar eine gute Karriere gemacht und hat eine Riesenpension. Sie kam da klar, weil sie mit Menschen zu tun hatte und weil sie sehr warmherzig ist und sich den Problemen anderer Leute gestellt hat.

Wir hatten eine wahnsinnig kleine Wohnung, weil sie zuerst ja nicht viel verdient hat. Ich hatte ganz früh schon einen Bekanntenkreis mit lauter ausgeflippten Künstlern: Maler, Bildhauer, Spinner, Intellektuelle, alle älter als ich. Nicht nur Männer, auch Frauen. Und da kam so mit 16 natürlich die Zeit mit der Riesenneugier, nicht nur auf sexuelle Dinge, aufs Leben. Mit 17 mußte ich immer so um zehn Uhr zu Hause sein und kam manchmal erst so um ein oder zwei Uhr. Und da stand sie dann immer da und schrie mich an, ich sei eine Hure. Ich war so beleidigt und gekränkt, daß sie mir unterstellte, ich würde da irgendwo rumvögeln mit irgendwelchen Männern. Dabei habe ich wirklich in Lokalen die heißesten Gespräche geführt und war auf einem ganz anderen Trip. Nicht, daß mich das nicht interessierte, aber das war mir nicht so wichtig wie das andere. Daß sie das überhaupt nicht akzeptiert hat und mich in Situationen gebracht hat, wo ich nur noch gelogen habe! Ich wollte nicht lügen, ich habe das gehaßt.

Dabei hat sie selbst mich in dieser Zeit mal wahnsinnig schockiert. Sie hatte einen Freund, der war 15 Jahre jünger, den hat sie während ihrer Lehrerinnen-Zeit kennengelernt. Das war so in den 50er Jahren, da war sie 35. Dieser Student war so ein Mann, den ich furchtbar fand. Lang und dünn und mit einer dicken Brille, ein ganz spießiger Typ eigentlich, irgendwie abstoßend. Mit dem hatte sie ein Verhältnis. Das muß ein erotisch unheimlich pervertierter Mann gewesen sein, deswegen war er mir wahrscheinlich auch zuwider. Das wußte ich nicht, das strahlte der aber irgendwie aus. Und ich weiß, ich kam eines Tages nach Hause, ich kam in die Wohnung, sehe, die Wohnung ist dunkel. Und da ist so eine Glastür gewesen, und da lief irgend so ein Pornofilm, den der mitgebracht hatte, und die waren offensichtlich im Bett. Das hat mich unheimlich schockiert. Ich bin weggelaufen und bin erst ganz spät nach Hause gekommen, und meine Mutter hat mich wieder angeschrien, wo ich herkäme, und ich wollte es nicht sagen, ich wollte sie nicht verletzen.

Das hat mich wahnsinnig schockiert, weil es so im Gegensatz, im Kontrast zu dem war, wie sie sich mir gegenüber immer verhielt. Es war nicht verlogen von ihr, sie war mir gegenüber niemals gemein oder so, im Gegenteil, sie war auf der einen Seite eine unheimlich rührende Mutter. Aber sie konnte mit ihrem ganzen Scheiß nicht leben und konnte nie darüber reden. Und was ich alles unbewußt wußte, hat mich noch mehr gestört, als wenn sie sich zu Sachen bekannt hätte. Egal, was es ist, das wäre unheimlich hilfreich für mich gewesen. Aber dieses Nichtbekennenkönnen, zu dem einen nicht und dem anderen nicht, das fand ich so schockierend.

Das ging unheimlich lange mit dem Typ, und der mischte sich immer in meine Erziehung ein, was ich erst recht zum Kotzen fand. Auch in meine Männergeschichten. Ich habe mit 19 schon zwei Abtreibungen gehabt, und dann kam der Mann mit einer moralischen Predigt, das habe ich gehaßt wie die Pest. Ich war aber auch nicht stark genug oder habe es nicht darauf ankommen lassen, mit ihm Krach zu kriegen, denn ich wollte meine Mutter nicht verletzen. Sie tat mir eigentlich leid.

Sie hat immer nur gesagt, Männer sind schlecht, Männer sind der hinterletzte Dreck. Sicher aus dieser schlimmen, fürchterlichen Erfahrung mit meinem Vater. Ich habe das nicht geglaubt, ich habe eigentlich ein ganz gesundes Naturell und hab eigentlich relativ wenig Mißtrauen, immer noch, trotz schlechter Erfahrungen. Bei mir hat einfach jeder Mensch eine Chance, egal, wie er sich verhält. Er muß mir erst mal hundertmal beweisen, daß er beschissen ist. Sicher erkennt man inzwischen Signale eher, das ist was anderes, aber ich bin immer noch in der Lage, Vertrauen zu haben. Das ist schon merkwürdig. In gewisser Weise bin ich immer noch vertrauensvoll naiv.

Kurz vor meinem 19. Geburtstag, im Sommer, bin ich zum erstenmal allein in Urlaub gefahren. Und da kam dieser K., mein späterer erster Mann, und der war vollkommen anders als die ausgeflippten Typen, die ich sonst so kannte. Der war zwar, was seinen Frauenkonsum anbelangte, auch ausgeflippt, aber ansonsten war er ein ungeheuer bürgerlicher Mensch. Und das gefiel mir, der war so grade und gesund, war nicht so verrückt im Kopf, und den lernte ich an meinem 19. Geburtstag kennen . . . Nach vier Tagen bin ich abgereist. Er hat mir jeden Tag einen Brief geschrieben, und vier Wochen später stand er vor der Tür und sagte zu meiner Mutter, ich möchte Ihre Tochter heiraten. Sie war vollkommen hilflos, und wir waren auch sehr im Streit zu dieser Zeit, und sie wurde mit mir nicht fertig. Ich wollte es eigentlich gar nicht, ich wollte eigentlich nur weg, und dann hat er mich ins Auto gepackt, und dann haben wir drei Monate später geheiratet. Ich wußte schon von vornherein, daß das Scheiße ist, aber ich habs trotzdem gemacht. Das war so meine Flucht. Und da war dann eben auch der Punkt, wo meine Mutter mich akzeptieren mußte, ob sie wollte oder nicht, wo sie mir keine Vorschriften mehr machen konnte, und das war mir eben wichtig.

Trotzdem, wenn ich sie heute besuche, dann läuft das immer wieder so ab, dieses Besitzergreifen . . . In so einer Situation kriege ich einen Horrortrip, das bringt mich schon wieder auf 180, und dann hab ich auch noch permanent ein schlechtes Gewissen. Es gibt doch andere Mütter, die es irgendwie gelernt haben zu akzeptieren, daß ein Mensch seine eigene Identität und sein Umfeld hat und sein eigenes Leben führt und denen man wie einem Freund sagen kann, heute habe ich keine Lust, heute komme ich nicht. Ich fühlte mich als Kind schon immer zu Großfamilien hingezogen, wo fünf, sechs, sieben Kinder waren. Ich hatte Freundinnen mit so vielen Geschwistern, und da lief es unkomplizierter ab, schon wegen der Menge von Kindern. Da verteilt sich die Liebe anders. Da ist die Possessivität auf eine Person nicht so stark. Da gab es so Urmütter für mich, die das alles mit links regelten, wo es kühler ablief und trotzdem genauso liebevoll war.

Seit ich selber eine Tochter hab, hat sich da auch überhaupt nichts geändert. Das ist bei ihr im Gehirn alles nicht gelaufen, zwei Ehen, daß ich 40 bin, daß ich ein Kind habe, nichts. Typischerweise sagt sie manchmal zu Eva Ulla. Sie überträgt das auch sofort auf Eva. Das Schlimme ist, wenn sie eine schlichte, einfach gestrickte Person wäre, kannst du nichts anderes erwarten. Aber bei dem Intelligenzgrad und dem Wissen, das sie hat, und den Informationen, die sie sich auf allen Gebieten besorgt, ist es einfach verrückt, daß sie so unanalytisch mit sich selber umgeht.

Ich glaube wirklich, daß ich es hinkriege, das alles mit Eva besser zu machen. Schon allein mit ihrer ersten Liebesgeschichte, wie das abgelaufen ist. Sie hat einen Freund, der geht in dieselbe Klasse wie sie, und das weiß ich seit zwei Jahren, daß sie den toll findet. Und dann kam Olli immer öfter in letzter Zeit, und vor einem halben Jahr kam sie mal und weinte und weinte, ich kann es nicht sagen. Aber ich ahnte schon, was kommt. Und nachdem es das dritte Mal passiert war und sie wieder ankam und weinte, hab ich gesagt, wenn du es nicht sagen kannst, vielleicht kann ich es sagen. So viele Möglichkeiten gibt es ja nicht, kann es sein, daß du gern mit Olli schlafen möchtest? Und da sagte sie, ja, das ist es. Da sag ich, das ist doch kein Problem. – Doch, ich will das eben nicht, wenn ich nicht mit dir darüber gesprochen habe. Da hab ich gesagt, da gehen wir zum Arzt, und dann kriegst du die Pille, und der Fall ist erledigt. Da strahlte sie mich ganz glücklich an. Na ja, dann sind wir in der nächsten Woche auch zum Arzt gegangen, der hat sie untersucht und ihr die Pille verschrieben, und die Sache ist klar. Und es ist so, daß diese ganze Sache ganz natürlich bei uns zu Hause abläuft. Sie sagt, darf Ollie heute abend hierbleiben, und ich sag, klar, er ist unser Freund. Ich finde das ganz toll. Sie ist geschützt in ihrem Verhältnis, sie kann es wirklich genießen, sie haben keine Probleme.

Ich sehe das als ganz natürlichen Ablauf, und ich fand es unheimlich toll, daß sie es nicht gemacht hat, ohne mich zu fragen, also sich nicht in Gefahr begeben hat. Das fand ich immer das Schlimmste, meine Angst jeden Monat, kriegst du nun deine Tage oder nicht, das fand ich furchtbar, da habe ich so gelitten.

Aber ein komisches Gefühl ist es schon, ich hab meine Mutter schon begriffen. Daß das ganz schwer zu kapieren ist, daß ein Kind eben fliegen kann oder versucht zu fliegen. Man liebt eben so ein Kind, das man selber auf die Welt gebracht hat, auf eine ganz andere Weise als einen anderen Menschen. Natürlich hab ich schon Angst davor, wenn sie mal aus dem Haus geht, aber ich habe mir schon vor zwei Jahren so klargemacht, daß sie ein eigener Mensch ist, daß ich mich für sie freue, daß sie ihr Leben lebt.

Sie ist ein ganz anderer Mensch als ich, sie ist wahnsinnig introvertiert, und ich bin extrovertiert. Meine Extrovertiertheit geht ihr manchmal unheimlich auf den Wecker. Sie ist viel öfter ruhig, guckt sich erst Sachen an, bevor sie redet. Sie findet, ich rede zu viel. Das ist sicher absolut richtig, finde ich auch, wenn ich darüber nachdenke. Und dann ist sie total unverlogen, sie braucht die Wahrheit, und ich verzögere manchmal die Wahrheit, und das findet sie dann beschissen. Und sie ist auch trotz aller Sensibilität emotional realistischer. Sie macht sich weniger vor als ich, komischerweise, da ist sie mir überlegen.

Ich wäre mit Sicherheit ein Wahnsinnsfreak, ohne Eva. Sie hat mein Chaos organisiert. Ich war schon so angelegt, von Anfang an, hab mir diese Spur gesucht, und Eva hat mich in eine andere Bahn gelenkt und hat auch viel zu meinem Selbstverständnis beigetragen. Ich war viel mehr gezwungen, über mich nachzudenken. Auch in meiner Beziehung zu Männern bin ich immer total emotional und abhängig gewesen. Durch Eva wurde ich unabhängig. Ich mußte Männer anders sehen, nicht nur für mich. Ein Mann, der sie nicht akzeptiert hätte, wäre für mich überhaupt nicht in Frage gekommen, selbst wenn ich noch so verknallt gewesen wäre. Ich mußte den Wertmaßstab bei Männern anders setzen. Sie hat gewisse Qualitäten bei mir stabilisiert, die sonst nicht gefordert worden wären.

Ich finde schon Sachen von mir in ihr wieder, aber so bruchstückhaft. Zum Beispiel erzählt sie mir ja unheimlich viel, was sie empfindet, und da erkenne ich mich absolut wieder. Ich bin auch gar nicht weit entfernt von den Situationen. Das war zwar alles 23 Jahre früher, trotzdem ist es mir noch ganz nah, ich kann es ganz genau nachvollziehen. Das fühlt sie auch, und deswegen erzählt sie mir natürlich viel. Ich glaube nicht, daß meine Mutter sich so in mir wiederfindet. Ich glaube, sie ist erschrocken darüber, daß ich so anders bin. Sie hat bestimmt ein großes Problem mit mir, mit Sicherheit.

So komisch es klingt, meine Mutter war für mich als Kind tatsächlich eine Traummutter. Was sie für rührende Sachen gemacht hat, sie hat wirklich für mich gelebt. Das muß man ja trotz allem immer wieder sagen, dazu stehe ich nach wie vor. Wir hatten ja überhaupt kein Geld, und was sie alles getan hat, um mir eine Freude zu machen! Auch beschützt hat sie mich, und sie hat mich unheimlich viel gelehrt. Sie hat mich immer nur mit Qualität konfrontiert, was Geschmack, Bücher, Menschen, Maler und Musik anbelangt.

Es gab mal einen Punkt, wo ich wahnsinnig geweint habe über eine kaputte Liebesbeziehung. Da habe ich an meine Mutter gedacht, diese Art von selbstloser Liebe wirst du niemals mehr kriegen von jemandem. Die Nachteile seh ich schon im nachhinein, aber ganz dominierend ist ja auch, für einen Menschen so da zu sein. Sie würde mich zum Beispiel nie, auch wenn ich einen Mord gemacht hätte, zurückweisen. Sie würde vieles nicht verstehen, aber sie würde niemals sagen, du kannst nicht mehr in mein Haus kommen. Sie würde mir immer helfen, sie würde den Teufel oder sonstwas in Bewegung setzen.

196

Eva K., 17, Schülerin (Tochter von Ulla K.):

*Im Grunde kann ich mir gar nichts
Tolleres wünschen . . .*

Kann sein, daß ich so ein enges Verhältnis zu Ulla habe, weil mein Vater nicht da war und auch, weil ich keine Geschwister habe. Da sind ja nicht so viele Leute, wo sich das verteilen könnte. Unser Verhältnis ist nicht so Mutter-Tochter, sondern kameradschaftlich. Ich meine, daß nicht alles so autoritär durchgesetzt wird, ohne irgendwie zusammenzuarbeiten. Ich nenne sie auch Ulla. Mami hab ich sie mal genannt, das weiß ich noch, das ist aber mindestens schon sieben oder acht Jahre her.

Ich kenne eigentlich keine anderen Fälle, wo das Verhältnis so ist, aber das sind sonst ja auch meistens zwei Personen, Vater und Mutter. Sie hat immer versucht, mir Sachen klarzumachen, die zwischen anderen Kindern und Eltern nicht vorhanden sind. So Sachen, wie über das Leben zu denken oder wie man mit Leuten umgeht. Daß man alles mehr wie Spaß sehen kann und so was, was andere Eltern ihren Kindern nicht beigebracht haben. Was bei denen fehlt, ist, daß dieses Verhältnis nicht so kameradschaftlich ist, sondern mehr so, daß die Eltern die Kinder großgezogen haben.

Also, das mit meinem richtigen Vater, das wäre, glaube ich, sehr schiefgegangen. Den kenne ich schon, der ist genau das Gegenteil von Ulla. Ganz gut, daß sie mich da weggeholt hat. Ich glaube, ich war drei, da hat sie mich an die Hand genommen. Sie hat mal erzählt, ich hätte eine kleine Wackelente hinter mir gehabt, und dann sind wir weggegangen. Und das ist eigentlich sehr doof gewesen damals, der hat sehr um mich gekämpft bei der Scheidung. Wenn ich bei dem gewesen wäre, ich glaube, ich wäre ganz anders geworden. Der ist sehr pingelig und ordentlich. Ich glaube, er wäre ein toller Mensch geworden, wenn nicht so viel dazwischengekommen wäre. Ein ganz eigener Mensch. Er ist ein bißchen — nicht spießig, aber sehr ordnungsliebend und penibel geworden, indem er nur so doofe Leute kennengelernt hat. Aber ich glaube, ich hab auch sehr viel von ihm, so Organisationssachen. Ich sehe auch ein bißchen so aus, sagt sie. Also, irgendwie ist er schon toll als Mensch, aber er hat so blöde Macken mitgekriegt, das wäre sicher alles schiefgelaufen mit uns.

Mit dem zweiten Mann von Ulla war das im Grunde auch nicht so eine gute Ehe, für Ulla und auch für mich nicht. Am Schluß war das ganz schlimm. Nicht ganz schlimm, aber sie haben so geschrien und geschimpft, daß das ganze Haus wackelte, das fand ich nicht so witzig. Obwohl es mir nicht geschadet hat, glaub ich, ich hab da auch viel mitbekommen. Das war eine Zeit, wo wir so eine große Wohnung hatten, und da waren dauernd Leute, das ganze Haus war immer voll. Und Ulla, die war eigentlich immer ganz fertig, die war immer zwischen Leuten, und Leute kamen immer zu ihr hin und haben die ganze Energie von ihr weggenommen, weil sie immer ihre Probleme besprochen haben. Und wir hatten tausend Untermieter, die ganze Wohnung war voll. Ich kam aus der Schule, und da haben sie alle in der Küche gefrühstückt. Es waren dauernd Leute da und dauernd verschiedene, und deswegen war es eigentlich auch keine schlechte Zeit für mich. Aber ich war doch ganz froh, wie das zu Ende war. Das geht immer so, wenn es für Ulla gut ist, ist es auch für mich gut, irgendwie überträgt sich das.

Ich hab im Grunde alle Seiten von ihr kennengelernt. Ich kann mir so vorstellen, andere Kinder, die lernen ihre Mutter wirklich nur als Mutter kennen und sehen nur die eine Seite. Sehen nur, wie sie immer beschäftigt ist mit ihrer Arbeit und versucht, ihren Kindern was zu erklären und sie zu erziehen, und ich hab im Grunde alles gesehen und eben auch die verschiedenen Männer und daß die sich einfach so umarmt haben und lieb zueinander waren. Und das finde ich gut, ich hab viel Abwechslung gehabt.

Ich glaub schon, daß Ulla sich geändert hat, doch, viel. Manchmal hab ich gedacht, sie ist wieder zu dem Ursprung gekommen, wie sie früher war, aber das stimmt auch nicht. Nach der zweiten Ehe hat sie sich sehr verändert. Jetzt könnte sie so was nicht mehr machen, aus der Situation heraus, nur weil sie jetzt gerade unglücklich ist, sich an so einen Menschen zu binden, der eigentlich überhaupt nicht wie sie ist. Jetzt weiß sie schon so viel und hat schon so viele Vorstellungen.

Ich bin nicht sicher, ob ich mal heiraten möchte. Ich bin nicht dagegen, ich bin auch nicht grad dafür, das kommt alles so. Vielleicht will ich auch Kinder, glaub ich schon, aber ich kann jetzt nicht sagen, wann und wie. Doch bestimmt, eins will ich bestimmt, dafür hab ich zuviel gesehen, daß es toll war für Ulla. Das sagt sie immer, heute noch. Ein bißchen Ähnlichkeit habe ich schon mit ihr, auch in dieser Beziehung. Daß mir das Spaß machen würde, wie ich es an ihr sehe, daß es ihr Spaß gemacht hat mit mir. Das möchte ich eigentlich auch gerne haben, wenn ich daran denke.

Als sie mich aufklären wollte, das hab ich nicht verstanden, das weiß ich noch, das war mir alles ganz komisch. Das hat sie erklärt, aber wie sie es erklärt hat, habe ich überhaupt nicht verstanden. Da war ich klein, sechs oder fünf, das war sehr komisch. Sie hat das irgendwie so unterbringen wollen, ich weiß nicht, hat sich aber nicht getraut, und ich wollte es auch gar nicht wissen. Und wie ich es dann wissen wollte, da hab ich sie nicht gefragt. Ich weiß noch, wie ich mir das alles ausgedacht habe, ich hab das alles erst ganz spät zusammengekriegt.

Ich hab viele Vorstellungen, was ich so anfangen will, ich freu mich wahnsinnig darauf. Ich freu mich wirklich riesig auf alles, auf die Schulen, was ich arbeiten will, eben auf meine ganzen Ideen. Ich hab so eine Grundidee, an die ich mich immer halte, ich will Clown werden. Schon seit ich acht war, hab ich die Idee. Nicht Zirkusclown, ich mag auch andere Clowns, wie Hermann van Veen oder so was. Ich hab schon immer gerne Clown gespielt, die haben mir so imponiert. Und dann möchte ich irgendwie auf eine Tanzschule, auf eine Schauspielschule, ich weiß noch nicht, in dem Bereich. Ulla hat auch nichts dagegen, das ist eigentlich sehr gut. Wenn sie eine Mutter wäre, die gesagt hätte, das finde ich aber nicht gut, dann hätte ich die Idee, glaube ich, nicht weiterentwickelt. Sie hat die Idee immer unterstützt.

Wir haben aber auch darüber geredet, daß ich irgendwie noch was anderes machen muß, daß ich auch noch was Sicheres hab. Das hab ich auch selbst immer gesagt. Ich hatte immer zwei Berufe im Kopf. Das eine ist mein Traumziel und das andere, daß ich irgendwas hab wegen Geld. Aber das muß in der Nähe liegen, es ist Blödsinn, was zu machen, wenn man sich nicht richtig dafür einsetzt. Vielleicht Kostüme, aber das ist auch noch nicht fest, es muß irgendwas wie eine Lehre sein. Früher wollte ich Innenarchitektin werden, aber das war nur so eine Quatschidee, weil ich so gern eingerichtet hab. Jetzt arbeite ich noch für dieses Abitur, aber ich weiß nicht, ob ich es brauche, und das ärgert mich. Wenn ich wenigstens wüßte, ich brauche es, dann würde ich richtig dafür arbeiten. Wenn mir jemand klipp und klar sagen würde, das ist wirklich wichtig, ich seh das ja nicht.

Früher hatte ich immer Angst, daß ich all das nicht erreichen kann, was ich will. Jetzt ist es eigentlich so, daß ich dann als Alternative eben was andres mache. Ich muß das alles so hinkriegen, daß ich glücklich bin, weil mein Leben nicht so eine lange Zeit ist. Daß ich das so hinkriege, daß es mir Spaß macht, daß ich viele Leute kennenlerne und ich das alles habe, was ich mir so in meinem Leben vorstelle. Ich hoffe, daß ich das schaffe. Ich will gar keine Angst haben, das muß man eigentlich optimistisch sehen.

Irgendwie sehe ich immer alles so positiv, ich seh immer die schönen Seiten. Im Grunde genommen habe ich so viel mitbekommen, auch wegen dem Beruf und der Schauspieler, Tanzer und Sänger. Andere Leute denken vielleicht, dich wird noch was erwarten, aber ich hab das eigentlich alles gesehen und will das aber trotzdem. Irgendwie reizt es mich. Aber wenn ich es mir so recht überlege, hab ich natürlich doch Angst, daß ich das irgendwie nicht schaffen werde, mich das alles zu trauen. Obwohl, das müßte ich eigentlich, wenigstens mich trauen. Hauptsache, ich trau mich. Und wenn es eben nicht klappt, dann finde ich schon irgendwas. Ulla hat auch nie gesagt, du schaffst das nicht oder so was. Das würde auch gar nicht zu ihr passen. Ich hoffe, daß es ehrlich ist, doch, ich glaub schon. Gerade mir gegenüber würde sie nicht unehrlich sein.

Ich glaub nicht, daß ich unbedingt der wichtigste Mensch für sie bin. Ich glaub schon, daß ich eine wichtige Rolle spiele, aber es gibt eben noch andere Leute, zum Beispiel Jochen, ihren Freund. Ich stell mir immer vor, wie ich an ihrer Stelle denken würde, ich versuch immer, so Parallelen zu ziehen. Wenn Ulla jetzt mein Kind wäre, dann hätte sie eine wichtige Rolle für mich, weil es irgendwie ein Stück von mir ist. Ich könnte aber nicht sagen, ob sie wichtiger wäre als

Jochen oder so. Sie ist mir auch nicht wichtiger als mein
Freund, das ist ganz verschieden. Nicht verschieden, aber
alle beide sind mir wichtig. Ulla ist mir sehr wichtig, weil Ulla
mir so viel gegeben hat, das muß alles so bleiben. Wenn es
nicht so bleibt, das wäre doof. Es bleibt auch so, was sollte
sich daran ändern. Im Grunde kann ich mir gar nichts
Tolleres wünschen. Und mein Freund – ich versuch ihm
immer das zu geben, was ich von Ulla habe, und irgendwie hat
der viel von mir gelernt, und ich versuch auch, viel von ihm
abzukriegen. Das ist immer so Geben und Nehmen. Ich
könnte irgendwie nichts an Ulla schlecht finden, ich kenne
sie zu gut. Ich könnte nicht eines Tages plötzlich sagen, jetzt
find ich sie nicht mehr gut. Bei meinem Freund könnte das
passieren.

Was mich an Ulla ärgert ist, daß sie mich immer
dabeihaben will. Überall will sie mich mit hinziehen. Dann
sitze ich nur da, und ich möchte so gern auch selbst reden. Ich
hab früher immer zugehört. Wenn man jünger ist, dann gibt
man sich damit zufrieden, und ich hab auch gern zugehört.
Aber jetzt höre ich nicht mehr gern zu, jetzt will ich auch was
sagen. Und das ärgert mich, das finde ich an Ulla so
egoistisch, wenn sie mich immer dabeihaben will. Aber
irgendwie kann ich das auch verstehen, ich glaube, ich hätte
mein Kind auch immer so gern dabei. Ich sag jetzt aber schon
manchmal, ich bleib lieber zu Hause, und das ärgert sie
dann.

Sie mag an mir nicht, wenn ich doof zu ihr bin, so zickig.
Wenn man mit Leuten länger zusammen ist, wenn zwei
verheiratet sind, die erlauben sich alles untereinander, das
mache ich auch schon langsam. Nicht so wie verheiratet –
aber ich bin manchmal so, ach, laß mich in Ruhe, so frech.
Das mache ich öfter. Das ärgert mich dann zu Tode, wenn ich
das gemacht habe, ich kann das dann nicht rückgängig
machen, und sie ist dann immer so lieb zu mir.

Aber unser Krach ist eigentlich immer echt komisch. Dann heulen wir am Schluß immer beide, das haben wir nämlich so geübt. Wir haben immer vor amerikanischen Kitschfilmen geheult, das war so ein richtiges Training. Dann müssen wir wieder lachen, das tut uns dann so leid. Ich kann das gar nicht, so ganz doll streiten.

Ich rede nicht über alles mit ihr, aber ich könnte eigentlich schon. Dafür muß man eben gelernt haben, offen zu sein und sich alles zu trauen, das kriegen wir auch hin. Aber es ist manchmal so, wenn ich über irgendwas rede, daß sie sich dann selbst nicht traut, und das macht den anderen unsicher. Wenn wir uns unsicher sind, dann geht es irgendwie nicht, dann finde ich es doof. Das darf irgendwie nicht lange überlegt sein, soll ich mich nun trauen oder nicht. Aber das ist zwischen allen Menschen, glaube ich. Wenn man sich irgendwie nicht traut, dann gibt es Spannungen.

Ich mag auch eigentlich nicht die Beziehung, wo alles gesagt wird. Es müssen auch so bestimmte – Tabus kann man es nicht nennen, sondern Bereiche da sein, die nicht ausgesprochen werden. Ich hab ihr auch nicht erzählt, als ich zum ersten Mal mit meinem Freund geschlafen habe, aber wir haben vorher darüber geredet. Das mit dem Schlafen war kein Problem, ein Problem war, Ulla das beizubringen. Aber die hatte das schon gemerkt, weil ich es immer versucht habe, und ich hab mich erst nicht getraut, und sie hat sich auch nicht getraut. Und dann haben wir doch darüber geredet, und das ging ganz schnell. Alles möchte ich eben nicht als Problem ansehen, auch so was, das kann im Grunde ja schön sein. Das geht ja nur darum, daß man die Pille kriegt. Ich möchte einfach nicht alles zum Problem machen, man kann auch alles von der lustigen Seite sehen, und vielleicht wollte ich das auch. Vielleicht finden das andere eine Ausflucht, aber ich möchte das eigentlich. Und wir sind dann zum Arzt gegangen, ich wollte nur, daß das

geklärt war. Man ist da irgendwie so ein bißchen angewiesen.
Man kann auch ohne Mutter zum Arzt gehen, aber so war mir
das lieber. Ulla war das Ganze, glaub ich, unangenehm, das
kann ich verstehen, Mutter und Tochter und dann so was. Ich
kann mir das so vorstellen, aus dem Gefühl her. Aber im
Grunde ist das jetzt alles so geregelt, und das ist schön. Jetzt
gibt es eigentlich nichts mehr zwischen uns, und das finde ich
schön, darauf habe ich immer gewartet. Ich sehne mich auch
nicht nach dem Tag, wo ich von zu Hause wegziehe, ich hab
im Grunde schon richtig meine Freiheit. Ich lebe schon
richtig mein Leben, ich bin nur ein bißchen blöd angebunden
an der Schule. Es gibt eigentlich gar nichts mehr, was sie mir
verbietet. Sie hat so viel Vertrauen, das ist zum Beispiel was,
das zwischen anderen Eltern und Kindern nicht ist, und das
ist eben ganz schlimm. Das Vertrauen ist bei ihr da, weil sie
mich kennt und sie weiß, was ich mache und was für Ideen ich
hab und daß ich nichts machen würde, was wirklich
gefährlich für mich ist. Daß ich so viel Sicherheit in mir habe
oder wenigstens versuch, so stabil zu sein, daß mir nichts
passieren kann.

Was so toll ist – im Grunde ist das ganze Leben so, daß es
darauf hinausläuft, daß es einem Spaß macht. Ich meine
Spaß nicht so oberflächlich. Manche Leute denken, Spaß
bedeutet nur Rumgammeln oder so was, das finde ich
überhaupt nicht. Man kann auch miteinander Spaß haben,
man kann dem anderen Spaß geben; alles solche Sachen,
daß du es toll findest und daß du alles machen kannst, was du
willst. So muß ich es eigentlich hinkriegen.

Ingrid W., 18, Schülerin:

*Aber sie verlangt dafür Liebe
in irgendeiner Weise . . .*

An meine Mutter ranzukommen, an den Kern, an sie persönlich, ist unheimlich schwer. Ich hab das Gefühl, das war nicht immer so. Früher war unser Verhältnis irgendwie so liebevoll Mutter–Tochter: Wenn du was hast, dann komm zu mir, du weißt, ich bin immer für dich da. Das hab ich auch machen können, bis zu dem Zeitpunkt, wo das mit ihr und meinem Vater auseinanderging.

Bei der Scheidung meiner Eltern war ich 16, aber die Schwierigkeiten zwischen ihnen gingen da schon ungefähr zwei Jahre lang. Und in der Zeit ging es für mich darum zu entscheiden, mit wem ich über was rede. Ich durfte nicht mit ihm über sie reden, und mit ihr konnte ich nicht über ihn reden, weil sie da sofort angestachelt und verrückt reagierte. Da kam so eine Zweiteilung, und das hat sich beibehalten, auch nach der Scheidung.

Ihre Aggression gegen ihn war so stark, daß ich nicht verstanden habe, warum und vielleicht auch das Gefühl hatte, warum haßt sie ihn so; obwohl es im Grunde kein Hassen gewesen ist. Sie wollte wohl gern, daß er wieder mit ihr zusammenlebt. Wir haben oft Meinungsunterschiede gehabt über ihn, aber es wurde nicht so richtig ausgetragen. Und immer die Schwierigkeit, sie trösten zu müssen, sie lehnte sich an mich an, das hat sich im Grunde ruckartig umgekehrt. Erst ich mich immer an sie und dann sie an mich, und das hab ich natürlich nicht verstanden. Sie rutschte da so in ein Selbstmitleids-Depressions-Ding rein, das ist eine Sache, die mich unheimlich aggressiv macht, weil ich das von mir selber so gut kenne. Und dann stand immer diese Forderung da, das hat mich auch kribbelig gemacht. Sie hat von mir immer Antworten gefordert auf Fragen, die ich ja nicht beantworten konnte.

Sie waren beide Vertrauenspersonen gewesen für mich, auch diese Zusammenstellung war eine Vertrauenssache. Und als das zusammenstürzte, da war dieses Gerüst, dieser Unterbau für mich erst mal weg. Da waren nur noch Einzelpersonen, die beide mehr oder weniger hilflos dastanden, ganz im Gegensatz zu dem, was sie vorher für mich gewesen waren. Und das war schon schwierig, das ist klar. Da kam zum erstenmal die Frage, was soll das, wie hilflos sind Menschen überhaupt. Dieses Wahrnehmen, wie hilflos Menschen sind, das in sich aufzunehmen, und das auch in sich selber plötzlich zu entdecken. Und die Frage, warum lebst du eigentlich, stellt sich dann gleich dahinter. Aber wenn ich das jetzt zurück überdenke, war es in vieler Hinsicht gut, daß sie sich getrennt haben. Diese Ehrlichkeit, gehen wir auseinander, das fand ich schon wieder gut.

Wenn ich über meine Mutter als Person nachdenke, dann wundere ich mich, wie sie zu dem Menschen geworden ist, der sie heute ist. Weil sie sehr viel erlebt hat, auch beruflich viel angefangen hat, sehr viel mit Menschen zusammengekommen ist und auch sehr viel gelesen hat und Filme angeguckt. So alle möglichen Dinge, aus denen du dir für dich selbst was raussehen kannst, in denen du dich auch selber sehen kannst. Aber ich hab das Gefühl, wenn sie heute solche Dinge macht, daß sie dann nicht mehr den Kontakt zu sich selber herstellt, daß sie sich immer in einer betrachtenden Position sieht und sich nicht direkt ansprechen läßt. Vielleicht aus Angst, das ist bei vielen Menschen in ihrem Alter so, sie wird dieses Jahr 50. Daß sie so Angst haben davor, die Situation zu erkennen, in der sie sind, weil sie dadurch notwendigerweise zur Änderung gezwungen werden. Das ist, glaube ich, von vornherein so ein Sicherheitsdenken, das ist eben die Generation, die den Krieg miterlebt hat und danach diese ganzen Aufbaugeschichten. Das ist wohl so, daß primär der Faktor Sicherheit im Mittelpunkt steht. Wie kann ich jetzt, ohne Gefahr zu laufen, irgendwas zu verlieren, weiterleben.

Wenn ich mir überlege, wie ich mit 50 sein werde, dann möchte ich ganz anders sein. Ehrlicher mir selbst gegenüber vor allem, auch aufnahmefähiger für Kritik an mir selber. Das fällt mir jetzt schon ein bißchen schwer, aber das muß trainiert werden. Und ich möchte spontaner sein in der Weise, auf andere Menschen zugehen zu können, und nicht die Abhängigkeit haben von materiellen Dingen. Das ist schwierig, weil ich im Verhältnis zum Gros der deutschen Bevölkerung sehr privilegiert aufgewachsen bin, gerade auch, was materielle Dinge anbelangt, und sehr verwöhnt bin. So Leute, die aufgewachsen sind wie ich oder mein Bruder, die haben eben nicht darum zu kämpfen, daß sie was zu essen auf dem Tisch haben oder so. Dann verlangt man natürlich nach Problemen, die zu lösen sind. Ohne eine Aufgabe kannst du nicht existieren, nur so dahinvegetieren, das geht nicht. Das sind eben geistige Sachen, die man sich stellt, weil in der Umgebung sonst nichts da ist.

Dabei hat meine Mutter mir keine Hilfestellung gegeben, wir haben über solche Sachen wenig gesprochen. Im Grunde ist so eine Art Weg vorgezeichnet, daß ich jetzt zur Schule gehe so weit wie möglich. Ich bin nie gezwungen

worden, auf irgendeine Schule zu gehen, ich hab das durch
die Vorbildung von zu Hause, ohne daß sie mir gesagt
hätten, du machst jetzt Schularbeiten, oder du machst
jetzt das und das. Ich hab auch von zu Hause Mittel
bekommen, mich persönlich zu bilden durch Bücher,
durch Theater, durch solche Sachen. In der Hinsicht ist
natürlich schon eine Hilfestellung da, aber nie das
Problem jetzt, warum machst du das, warum lebst du hier,
was willst du dir als Aufgabe setzen für dein Leben. So
globale Gespräche habe ich nie mit ihr geführt. Ich könnte
das auch heute noch nicht. Es würde, glaube ich, auf einer
für mich relativ äußerlichen Ebene stehenbleiben, also
daß ich einen Beruf lerne und dann möglichst gut meinen
Lebensunterhalt verdiene in einer Weise, die mir auch
möglichst noch Spaß macht. Da sind wir uns einig, das ist
klar. Aber so einen wirklichen Inhalt des Lebens, das ist
ein philosophisches Problem, und es würde mir schwerfal-
len, das mit ihr zu besprechen. Sie hat für mich immer
mehr den praktischen, realen Menschen dargestellt und
mein Vater mehr das Metaphysische, so dahinter. Mein
Vater und ich haben mehr Sachen erlebt zusammen, einen
Spaziergang und solche Dinge, und sie hat mir mehr
praktische Hilfestellung gegeben.

In gewisser Weise fühle ich mich ihr da überlegen. Ich
akzeptiere ihre Haltung, ich kann auch nichts anderes tun.
Ich kann sie nicht umbilden, das will ich auch nicht, weil
ich damit ihre Freiheit einschränken müßte. Aber ich
glaube, daß ich da in Gedanken einen Schritt in eine
andere Richtung gegangen bin als sie. Ich will nicht sagen,
einen Schritt weiter, aber in eine andere Richtung.

Ich glaube nicht, daß ich innerlich noch sehr an sie
gebunden bin, seit ich nicht mehr mit ihr zusammenwoh-
ne, seit zwei Jahren jetzt. Das war meine Entscheidung,
wegzugehen von zu Hause. Sie hat wieder geheiratet, und

zu diesem neuen Mann, der mir sehr freundlich entgegenkam, sehr nett, hatte ich nicht so eine Beziehung, daß ich auf Anhieb hätte sagen können, ich will mit ihm zusammenwohnen. Und andererseits so eine Sache, daß ich das Gefühl hatte, jetzt wird eine neue Familie aufgebaut, weil dieser Mann auch noch eine kleine Tochter dabeihatte, und ich nicht unbedingt wieder in ein Familiending reinkommen wollte, weil gerade alles schiefgelaufen war und ich das sehr bewußt miterlebt hatte. Es kam gar nicht aus der Überlegung heraus, vielleicht geht das auch wieder schief, aber allein dieses Ding Familie war so zusammengestürzt für mich, daß ich an einem Wiederaufbau nicht interessiert war. Ich wollte lieber in diesem Moment das Sprungbrett ergreifen, das mir die Möglichkeit gegeben hat, rauszukommen. Ich bin in genau dasselbe wieder reingeschlittert, ich lebe jetzt bei Freunden meiner Eltern, aber das ist eine andere Sache.

Ich habe durch diese ganze Geschichte momentan eine andere Einstellung zu Beziehungen, zu Menschen überhaupt. Ich kann mir keine solche Zweierbeziehung vorstellen, wie die beiden gehabt haben, über so viele Jahre. Weil das für mich eine Konzentration auf eine Person bedeutet, also gerade von ihrer Position aus. Sie hat sich, glaube ich, sehr auf ihn konzentriert, und sich auf einen Menschen so zu konzentrieren, halte ich nicht für gut, weil man dadurch sich selber sehr schnell verlieren kann. Wenn der plötzlich nicht mehr da ist durch irgendwas, wenn er weggegangen ist oder tot, dann steht man plötzlich da und weiß nicht mehr, wer man selber ist. Auch wenn man in einer Ehe so einen starken Moralkodex hat, hab bloß nichts mit einer anderen Frau oder so, oder gekränkt ist, wenn der andere zwei Tage bei jemand anderem ist oder mit jemand anderem in Urlaub fährt, dann kann das, glaube ich, sehr schnell zu unwahrscheinlichen Spannungen führen.

Ob ich das selber anders machen kann, das ist die Frage. Wenn ich Leute kennenlerne, egal ob es ein Mann oder eine Frau ist, und die gefallen mir sehr gut, dann habe ich in der ersten Zeit unwahrscheinlich stark das Bedürfnis, jeden Tag mit denen zusammen zu verbringen. Aber das geht kurze Zeit, und dann kommt der Punkt, wo ich unbedingt allein sein muß, dann bin ich übersättigt, dann kann ich den anderen nicht mehr sehen. Das kann sich weiterentwickeln, daß man sich seltener sieht und auf ein mittleres Level kommt in der Beziehung. Aber wenn ich mir vorstelle, mit jemandem zusammenzuleben, mit einer Person in einer Wohnung und wirklich Tag und Nacht zusammensein, dann werde ich verrückt, das kann ich mir nicht vorstellen, überhaupt nicht. Ich müßte immer einen Raum haben, in dem ich allein sein kann und wo den ganzen Tag der andere nicht reinkommt, wenn ich es nicht will. Und insofern ist diese Familienvorstellung, die man gemeinhin hat, für mich nicht mehr machbar.

Das ist bestimmt durch die Scheidungsgeschichte beeinflußt. Die Stimmung, die damals so in den Räumen war, wenn die beiden zusammen waren und miteinander geredet haben, sich auseinandergesetzt haben, wie man so schön sagt, das macht einem Angst. Da ist so eine Wand um einen rum, die einen immer mehr einengt, du möchtest schreien und kannst nicht. Es wird immer enger um dich rum, und du kannst dich nicht dagegen wehren, weil so viel Spannung von jedem einzelnen im Raum ist.

Ich kann nicht sagen, ob meine Mutter heute glücklich ist, ich glaube, sie ist zufrieden. Ich hab sie oft danach gefragt, ich wollte es wissen, weil sie in den letzten Jahren, wo sie zusammen war mit meinem Vater, das heißt, eigentlich schon auseinander, sehr unglücklich war. Sie hat viel geweint und war sehr schwach in sich, und ich war froh, daß sie jemanden gefunden hatte, von dem sie meinte, mit dem könnte sie ein neues Leben machen. Was heißt neues Leben, aber weiterleben zumindest. Ich hab sie gefragt, und sie ist immer ausgewichen – du weißt, wir haben viel zu tun und zu arbeiten und so. Im Grunde wirkt sie oft auf mich, als wenn sie sehr kaputt ist, sehr abgearbeitet, sehr erschöpft, und auch innen erschöpft, nicht nur körperlich. Aber manchmal kommt dann dieses Strahlen – es gibt Menschen, die ich nicht toll finde auf Anhieb, aber wenn ich mit denen spreche, dann fangen sie plötzlich an zu strahlen. Das ist unwahrscheinlich, was manche Leute für Kraft in sich haben, in Mimik, Gestik und so, das kommt so richtig aus dem Bauch, das strahlt so raus, auch bei ihr, und das finde ich unheimlich schön.

Ich glaube, sie hat den Sinn für sich einfach nicht gefunden. Sie sagte in der Zeit, wo sie sehr unglücklich und traurig war, das einzige, was sie noch hält, sind ihre Kinder, mein Bruder und ich. Das ist eine Sache, die schon sehr schwierig ist, sehr gefährlich ist, wenn man sich zwei Kinder als Sinn hinstellt. Ich weiß nicht, ob es wirklich ihr Sinn war, sie hat mit mir nie über den inneren Sinn gesprochen. Ich glaube, ich würde auch keine Antwort kriegen, wenn ich sie fragen würde.

Meine Mutter hat heute noch eine sehr zärtliche Bindung an meinen Bruder und mich. Wenn ich mit anderen Leuten über das Verhältnis zu ihren Eltern und deren Verhältnis zur Sexualität, zur Erziehung in dieser Hinsicht rede, dann bin ich eigentlich immer überrascht, wie gut ich es gehabt habe. Es gab keine für mich erkennbare Tabuisierung von irgendwas in dieser Hinsicht. Wenn ich irgendwas gefragt habe, bekam ich immer eine Antwort darauf. Als ich noch klein war, durfte ich morgens immer um neun zu ihnen ins Bett kommen, und dann haben wir uns Geschichten erzählt und rumgetobt und gespielt und zusammen gebadet, die ganze Familie, und lauter solche Sachen. Ein Erlebnis fällt mir dabei ein. Als ich vor vier Jahren mit einer Freundin zusammen in England war und wir nach vier Wochen zurückkamen, holten unsere beiden Mütter uns ab. Und die Mutter von diesem Mädchen kam so an, legte ihr die Hand auf die Schulter und sagte so was wie gut siehst du aus, so einen Spruch halt. Und ich guckte mir das so an, fand das irgendwie komisch, und dann kam meine Mutter, rannte so auf mich zu und hat mich umarmt, wir wirbelten so durch die Gegend. Das war schon eine sehr herzliche, sehr warme Begrüßung. Das ist eine Sache, die ich schon sagen muß, das war eine sehr zärtliche Erziehung.

Ich habe ihr auch erzählt, als ich mich das erstemal verliebt habe. Das war kurz bevor ich in die Tanzstunde kam, da war ich so ungefähr 14. Das war witzig, das war ein ganz merkwürdiger Typ, unheimlich schön war der, aber so geleckt, so ganz merkwürdig. Ich konnte dann auch nicht richtig essen, war so total mit dem ganzen Körper verliebt, und sie hat sich unheimlich gefreut und auch so ein bißchen amüsiert darüber, aber nicht verletzend.

Überhaupt, so Sachen, die ich gemacht habe, seien es irgendwie kreative Geschichten, Bilder oder wenn ich irgendwas geschrieben hab, das wurde von beiden Elternteilen immer sehr hoch anerkannt. Die Auffassung meiner Mutter von mir war immer so, daß sie sagte, du bist was. Das hat mir in vielen Situationen geholfen, wenn ich runter war und sie mir dadurch so ein Kraftding gegeben hat. Aber inzwischen ist es so, daß ich es oft in der Weise, wie sie es mir zu verstehen zu geben versucht, nicht mehr glauben kann. Weil ich mich dann frage, wie gut kennt sie dich eigentlich, wie genau weiß sie, wer du bist.

Wi-r wohnen ja sehr weit auseinander jetzt, das heißt, ich hab nicht oft die Möglichkeit, sie zu sehen. Wir telefonieren einmal die Woche mindestens miteinander und erzählen uns, was los ist, oder wenn was Besonderes ist, rufen wir schnell an. Aber ihr Verlangen, mich bei sich zu haben, ist sehr viel stärker als mein Bedürfnis, jetzt runterzufahren. Wenn ich ein paar Tage mit ihr zusammen bin, können wir ganz gute Sachen machen, können auch, wenn wir allein sind, gut miteinander sprechen. Nicht über alles, aber man kann mit ihr gut Pläne machen, so wirklich Sachen auf dem Boden der Tatsachen. Aber das Metaphysische kann ich mit ihr nicht so, ich hab dann manchmal plötzlich das Gefühl, wir haben nicht die gleiche Sprache.

Sie gibt mir sehr viel oder versucht, mir sehr viel zu geben, was materielle Dinge anbelangt. Eine Sicherheit, daß ich beruflich machen kann, was ich will. Aber sie verlangt dafür Liebe in irgendeiner Weise, und ich kann es nicht auf Kommando, ich kann nicht jemanden liebhaben in diesem Moment, weil er das jetzt will, sondern ich muß auch ein Gefühl dafür haben, ich brauche Zeit. Es ist so, daß ich sie eigentlich lieb habe, aber weil sie es so verlangt, es gar nicht mehr zeigen kann.

Sie hat mich jetzt gerade besucht, ich hatte Geburtstag. Wir haben uns in einigen Punkten auseinandergesetzt, und ich hab so das Gefühl gehabt, sie war sehr traurig danach. Daß irgendwie Mißverständnisse zwischen uns aufgekommen sind, daß wir uns nicht haben verstehen können. Und jedesmal, wenn ich wegfahre oder sie wegfährt, wenn wir uns trennen, dann fängt sie an zu weinen und will dann aber auch nicht, daß man sie in den Arm nimmt oder festhält oder sagt, jetzt fang nicht an zu weinen, sondern sie geht dann einfach weg. Das ist eine Sache, die ich akzeptiere, die ich im Grunde genommen ganz gut finde, daß wir uns das gegenseitig nicht zumuten wollen. Aber ich hab dann immer ein schlechtes Gewissen, auch wenn überhaupt nichts gewesen ist. Daß sie weint in dem Moment, bedeutet natürlich, daß sie traurig ist, weil sie jetzt wegfährt. Aber andererseits beziehe ich das auch noch auf andere Sachen. Mir fallen immer noch Gründe ein, warum sie jetzt weint, die auf mich bezogen sind. Es fallen mir immer Sachen ein, die ich gesagt habe oder gemacht habe, die sie verletzt haben könnten. Das ist einfach die Geschichte mit der Ehrlichkeit. Ich würde ihr gern alle Dinge sagen können, die ich denke und auch über sie denke. Ich würde es schön finden, wenn sie ehrlich darauf eingehen könnte, aber ich habe nicht das Gefühl, weil ich genau weiß, wie schwer es sie treffen würde und daß sie damit nicht arbeiten könnte. Ich müßte sehr lange Zeit mit ihr allein irgendwo sein, Monate, um da überhaupt rankommen zu können.

Ich glaube, gerade weil man sich so lange und gut kennt, passiert es sehr schnell, daß man weiß, wo der andere zu treffen ist. Ich kann ungefähr einschätzen bei ihr, was sie noch aufnehmen kann und was sie nur noch aufnimmt und dann nicht mehr verarbeitet. Wo sie sich angegriffen fühlt, und zwar zu Unrecht. Denn ich will sie gar nicht angreifen. Wenn ich jemanden angreifen will, dann mache ich den runter, dann liegt mir nichts daran, was der damit anfängt. Das ist bei ihr nicht der Fall, es würde mir darum gehen, ihr was zu erklären, ihr einen Standpunkt oder eine Meinung zu geben, mit der sie dann arbeitet und mir was zurückgeben kann, um Kommunikation in irgendeiner Weise. Das würde ich mir wünschen, daß eine gesprächsweise Partnerschaft da ist. Daß beide Partner gleich stark sind und in gleicher Weise an dem anderen Kritik üben können, ohne daß der dadurch total am Boden zerstört ist. Als so jemanden würde ich sie schon brauchen. Ich hab eigentlich das Gefühl, daß das gerade mit der eigenen Mutter möglich sein müßte, solche Gespräche zu trainieren. Zu lernen, mit jemandem zu reden, ohne ihn zu verletzen, und trotzdem die Wahrheit zu sagen.

Ich weiß nicht, ob es mit ihr zusammenhängt, aber bei mir ist ein Mißtrauen gegenüber Menschen überhaupt da. Sicherlich auch, weil ich sie so erlebt habe, wie ich sie erlebt habe. Einerseits sehr stark und sehr kräftig und dann plötzlich in sich wie ein kleines Kind, das sich weinend in die Ecke legt und sagt, hilf mir. Das prägt irgendwie auch das Verständnis von Menschen in meiner Umgebung. In allen vermutet man Sachen, schwache und starke Seiten irgendwie, was im Grunde nichts Negatives ist. Aber es macht unsicher, so ein bißchen auch über sich selber das Gefühl zu haben, du weißt nicht genau, was da alles ist. Ich hab auch dieses kleine Kind in mir, das ist mir vollkommen bewußt, das will ich auch nicht verlieren. Nur, ich hab Angst, daß ich dieses Besitzergreifen-wollen von irgend jemandem auch mal kriegen kann, daß es in mir ist und irgendwann rauskommt, gerade in Situationen, in denen es besser nicht zutage käme.

Ich kann mir im Moment auch nicht vorstellen, selber Kinder haben zu wollen, weil ich die Bedingungen hier in Europa für Kinder nicht besonders toll finde. Und ich hab Angst davor, daß das Verhältnis meiner Kinder zu mir so ähnlich sein könnte wie das, das ich jetzt zu meiner Mutter hab. Das ist nicht gut. Ich fürchte mich davor, daß ich Kinder habe, vor denen ich dann auch wieder Angst haben muß, weil sie mir so überlegen sind in einer gewissen Weise. Daß ich es dann selber auch nicht schaffe, hinzugehen und von denen was anzunehmen.

Aber Liebe ist sowieso eine Sache, die ich gar nicht empfunden habe bisher. Das ist auch ein Begriff, gegen den ich in gewisser Weise allergisch bin, weil da zuviel verkitscht worden ist. So die allgemeine Auffassung von Liebe, einen Wiener Walzer tanzen und sich hingeben – da

werde ich kribbelig. Mit dem Begriff Liebe assoziiere ich
so verkitschte Sachen, schon durch Filme oder Bücher, wo
irgendwer vor jemandem kniet und sagt, ich liebe dich. Ich
hab bei Liebe auch immer diesen herben Beigeschmack
von Besitzergreifen. Das ist sicherlich der Teil, den ich von
zu Hause mitgekriegt habe. Es ist so ein gewisses
Desillusioniertsein, diese absolute Liebe kann ich mir
nicht vorstellen. Ich hab da ein zu rationales Verhältnis zu
Beziehungen, zu Zwischenmenschlichkeit, zur Psychologie. Vielleicht trage ich zuviel Theorie in mir, das kann
sein.

Dabei hab ich schon das Bedürfnis nach jemandem, der
einen Stärkepol für mich repräsentiert, wo du hingehen
kannst und dich ausheulen kannst. Und das ist meine
Mutter schon irgendwie, wenn etwas schiefläuft, das ist
ein Punkt, wo ich immer hinkommen kann, in jeder
Situation.

Rein zeitlich gesehen, habe ich viel länger von ihr
profitiert als die Zeit war, die ich unter ihr gelitten habe.
Was heißt, unter ihr gelitten, das hört sich schon so
schlimm an. Im Grunde kann ich sagen, daß sämtliche
Sachen, die ich mit ihr erlebt habe, irgendwie gut für mich
waren. Auch die Erkenntnis, daß ich sage, ich will nicht so
sein, wie sie jetzt mit 50 ist. Das ist im Grunde auch gut,
weil ich was sehe, was ich ablehne und woran ich mich
selber messen kann und mich kontrollieren kann. Ich hab
wirklich sehr viel von ihr profitiert und tu das jetzt auch
noch in vieler Beziehung.

Das Fazit, das ich jetzt gezogen habe, erstaunt mich
eigentlich selber. Ich hab sehr oft Aggressionen gegen sie
und drück die auch aus, wenn ich mit anderen Leuten
spreche. Aber es gibt so diese blöden Lehrsätze, daß du
aus allen schlechten Erfahrungen was lernst, und das trifft
auch im Verhältnis zu ihr voll zu. Ich hab eine relativ

glückliche Kindheit gehabt, wie man so schön sagt, sehr warm und cosy, im großen und ganzen war das schon gut, wie das gelaufen ist. Ich bin froh, daß ich vor zwei Jahren weggegangen bin. Ich glaube, von der Entwicklung her wäre ich sonst sehr anders geworden, hätte sehr viel weniger nachgedacht, sehr viel weniger Kritikbewußtsein bekommen. Es gibt viele Sachen, die ich nicht gut finde und die ich nicht ändern kann. Ich kann mich anstrengen und machen und strampeln und schreien, und ich kann sie einfach nicht ändern. Umstände, unter denen Menschen leiden und auch ich leide. Aber ich bin in der Lage, aus den Sachen, die ich erlebe und sehe und tue, gute Dinge rauszuziehen und sehr intensiv Schönes zu erleben. Nur eben andererseits auch dieses totale Runterkommen und dann der Gedanke, warum bist du eigentlich noch da.

Karen B., 36, geschieden, Direktrice:

*Sie kam mir manchmal so vor wie
eine schnappende Falle . . .*

Ich muß so 14 gewesen sein, da haben wir in den Herbstferien Urlaub gemacht im Harz, Mutti und ich alleine. Und da hat sie mir erzählt, daß ich just an diesem Ort gezeugt worden bin. In diesem Zusammenhang kam dann die ganze Geschichte raus. Was rauskam, war fürchterlich für mich. Und zwar, daß ich von meinem Vater mutwillig gezeugt worden bin, weil er diese Ehe erzwingen wollte. Und daß sie alles unternommen hätte, um mich nicht zu bekommen. Sie hat damals meinen Vater gebeten, ihr etwas zu besorgen, damit ich nicht komme, was mißlang. Bei einem Bombenangriff haben sie mal die ganzen Flaschen im Keller ausgesoffen, und in seinem Suff hat er dann gröhlend zum besten gegeben, daß er ihr immer nur Spalt-Tabletten gegeben hat, obwohl er ihr gesagt hat, es wäre Chinin.

Sie behauptete dann zwar immer, in dem Moment, als ich geboren war und das erste Mal in ihrem Arm gelegen habe, sei die Liebe über sie gekommen. Und sie wäre so dankbar, daß sie dieses Kind nicht abgetrieben habe. Ich habe nie richtig mit ihr darüber reden können, ob das tatsächlich der Fall war.

Ich habe sehr viel später irgendwann mal gelesen, daß es so pränatale Empfindungen oder Erfahrungen gibt. Ich weiß nicht, wieweit so ein Embryo begreift, wenn die Mutter ständig die Treppen runterhüpft, und das im sechsten Monat oder im siebten. Über Riesenschlaglöcher mit dem Fahrrad fährt, keine Treppe mit normalem Schritt genommen hat, sondern immer gehüpft ist, von jedem Tisch runtergehüpft ist, von jedem Stuhl runtergehüpft ist, alles, was für sie möglich war, gemacht hat, um dieses Ungewollte loszuwerden.

In dem Moment damals, als sie es mir erzählte, war ich gar nicht in der Lage zu sagen, hör auf, ich will davon nichts hören, weil natürlich auch die Neugier da war. Es war auch so diese Intimität. Mutti hat in der Zeit eigentlich sehr hochgehalten, ich bin nicht deine Mutter, ich bin deine Freundin. Das hab ich natürlich genossen, weil ich mich dadurch erhöht fühlte vor den anderen. So war ich mehr, ich war die Freundin einer erwachsenen Frau, die auch gleichzeitig meine Mutter war. Was dann an Empfindungen dazukam, das tröpfelte so ganz langsam über die Jahre in mich rein. Das hat mir später erst einen verdammten Knacks versetzt. Damit bin ich eigentlich bis heute nicht ganz fertiggeworden.

Meine Mutter hat ihren Vater abgöttisch geliebt und hat jeden Mann, den sie näher kennengelernt hat, mit dem Vater verglichen. Meine Großmutter ist eine sehr strenge Frau, eine sehr rechthaberische Frau. Darunter haben offensichtlich sowohl mein Großvater als auch meine Mutter gelitten. Außerdem war meine Mutter eine Zangengeburt. Von daher ist sie als junges Mädchen eher häßlich gewesen, entstellt durch eine ziemlich große Gesichtsnarbe. Mutter hat von früh auf zu hören bekommen, der Mann, der sich mal für dich interessiert, mein liebes Kind, das merke dir, ist nicht hinter deiner Schönheit her, sondern hinter deinem Geld.

Meine Großeltern kommen nämlich beide aus einem

sehr begüterten Haus. Und das hat bei uns eine sehr große Rolle gespielt, dieser Standesdünkel. Jedenfalls fühlte sich Mutter von Großmutter vernachlässigt und hat eigentlich bis heute, glaub ich, mehr oder weniger ein Haßverhältnis zu ihrer Mutter. All das, was sie hatte haben wollen von ihr, Liebe, Wärme, Nähe, hat sie dann in übersteigertem Maße ihrer Tochter gegeben. Die Ehe mit meinem Vater hat ja nur drei Jahre gedauert, und die zweite ist dann auch schiefgegangen. Das einzig Beständige war ich, und da wird dann immer alles draufgebuttert.

Das hab ich schon als kleines Kind als Belastung empfunden. Das erste Mal, was mir noch sehr klar und gegenwärtig ist, da war ich vielleicht sieben Jahre alt. Mit einem Nachbarssohn habe ich bei uns im Garten hinter der großen Eiche genauso wie alle anderen Doktorspiele betrieben. Meine Mutter ist darüber zugekommen. Sie hat gesehen, wie der Nachbarsjunge mit einem Stöckchen in mir rumfummelte und wir es offensichtlich alle sehr genossen haben. Jedenfalls hat Mutter mich an die Hand genommen, und was ich dann erinnere ist, daß ich in der Wohnung auf einem Sofa lag, daß unser Hausarzt sich über mich beugte, mich offensichtlich untersuchte, um festzustellen, ob ich nun entjungfert war oder nicht. Ich weiß noch, daß ich einen ungeheuren Haß auf meine Mutter hatte, weil sie überhaupt nicht erklärte, warum das alles stattfand. Sie sagte immer nur, sie hätte Angst um mich, und mir hätte was zustoßen können.

Als dann so die Zeit kam, wo ich auf der Oberschule war, mußte ich immer mit der S-Bahn von W. nach L. fahren. Und da habe ich mich ungeheuer oft dabei ertappt, daß ich die Männer, von denen ich glaubte, daß sie so in der Altersstufe meines Vaters sind, angeguckt habe und immer überlegt habe, das könnte er sein, so sieht er vielleicht aus. Und so eine ungeheure Sehnsucht nach diesem Mann bekam. Wenn meine Mutter von ihm geredet hat, dann eigentlich nur schlecht. Nur schlecht! Er war in meinen Augen immer der Mann, der dich nicht haben wollte, der Mann, der einen Offenbarungseid geschworen hat vor Gericht, um nicht für dich zahlen zu müssen. Mit ihm habe ich die Erfahrung, er wollte mich nicht. Er wollte durch mich nur die Ehe erzwingen, denn so wie sie es hinstellte, wollte er an das Geld ran. Was sie von ihrer Mutter immer eingeimpft bekommen hatte, war voll in ihr drin, und genau das, was sie von ihrer Mutter mitbekommen hat, hat sie mir im Grunde genommen auf andere Art und Weise weitergegeben.

Ich habe nachher von anderen Leuten gehört, daß er ein rührender Vater gewesen sein muß, daß er mich wirklich ungeheuer lieb gehabt haben muß, und wenn es auch nur drei Jahre lang war. Das ist mir aber ganz, ganz wenig gesagt worden. Er lebt heute offensichtlich noch, aber ich kenne ihn nicht. Inzwischen macht mir das aber nichts mehr, weil jetzt Folgendes passiert ist, daß ich mir nämlich sage, warum eigentlich *ich?* Er weiß, daß er eine Tochter hat. Wenn er also wissen möchte, was aus diesem Kind geworden ist, warum kümmert er sich nicht um mich? Wenn er nicht dieses Bedürfnis hat, mich kennen- zulernen, warum soll ich es haben? Das ist genau der Punkt, wo ich überhaupt bei allen Männern bin.

Trotz allem muß es offensichtlich ein ganz starkes sexuelles Verhältnis gewesen sein zwischen meinen El- tern. Das hat meine Mutter mir vermittelt. Sie hat mir gesagt, daß es unheimlich schön gewesen wäre mit diesem Mann. Und auch, daß mein anderer Vater, der zweite, sehr animiert gewesen wäre, solange die beiden nicht verheira- tet waren. In dem Moment aber, als sie verheiratet waren, keinerlei körperliches Interesse mehr gehabt hat. Und es gibt da so ein Schlüsselerlebnis, was sie mir auch mal erzählt hat. Das war wohl sehr schnell nach der Hochzeit, da hat er mittags nach dem Büro auf dem Sofa gelegen und sich ein bißchen ausgeruht. Sie ist gekommen und hat ihm wohl einen Kuß gegeben. Worauf er empört gewesen ist und gesagt hat, sie sollte ihn nicht so küssen. Sie sollte ihn mütterlich küssen. Und von dem Moment an durfte sie keine ausgeschnittenen Kleider mehr tragen, von dem Moment an durfte sie sich nicht mehr schminken. All das, was er an ihr gut gefunden hat, was Grund gewesen war, sie zu heiraten, war mit dem Moment, da sie seinen Namen trug, vorbei. Ad acta gelegt, verboten.

Dieses Erlebnis mit dem Küß mich mütterlich, das ist ziemlich tief bei mir dringewesen und hat mich eigentlich wieder in die Situation gebracht, daß sie mir ungeheuer leid tat. Ich meine, wir sind 20 Jahre auseinander, und wenn ich mir heute überlege, als ich 17 war, war sie 37, also in meinem Alter. Und wenn ich mir heute mein Leben angucke, mit meinen ganzen Erwartungen, mit meiner Lebenslust, mit all dem, was ich glaube, das noch vor mir liegt, das hat sie ja damals auch gehabt. Und wenn ich mir vorstelle, wie unausgefüllt sie war. Mit diesem Mann ist über Jahre überhaupt keine Sexualität gewesen – 15 Jahre oder wie lange sie mit dem zusammengewesen ist. Grauenvoll. Sie muß ein entsetzliches, scheußliches Leben gehabt haben. Die hat wirklich, glaube ich, körperlich ganz ungeheuer gelitten. Darum hab ich manchmal Schuldgefühle, daß ich mir Dinge rausnehme, die sie sich nie hat rausnehmen können. Daß ich heute in der Lage bin zu sagen, der und der gefällt mir, mit dem geh ich ins Bett, und daß sie es eigentlich auch gern sagen würde und heute noch nicht in der Lage ist, es zu machen.

Denn sie hat mir eigentlich schon sehr früh vermittelt, daß sie eine sehr erotische Frau ist, das, was ich auch bei mir wiederfinde. Meine Mutter genoß das immer so, wenn ich als Kind mit ihr im Bett schlief. Ich weiß das noch so genau, weil sie immer davon redete, daß mein Po so backofenartig heiß wäre und daß es für sie nichts Schöneres gäbe, als wenn dieser Po bei ihr im Kreuz wäre, und sie konnte dann so wunderbar schlafen.

Einen Abend war sie mal mit einer Freundin auf einem Ball, und ich lag allein in diesem Doppelbett und guckte so links und rechts auf die Nachttische und entdeckte auf ihrem Nachttisch ein Buch, das so aussah wie die Bibel. Jedenfalls habe ich dieses Buch genommen, aufgeblättert und siehe da, es war ein Pornoroman, und zwar ein sehr heißer. Ich fand es ungeheuer aufregend und las und las, und es wurde später und später. Da war nichts mit Pünktchen, Pünktchen, sondern da war alles total ausgeschrieben. Und ich wußte offensichtlich sehr genau, was da los war, was die da machten.

Ich habe Körperlichkeit und Sexualität zu Hause als was ganz Positives erfahren; in dem Streicheln, in dem Liebhaben, in dem Dasein, in der Zuwendung. Offensichtlich hat meine Mutter mir ein sehr heiles Bild von Sexualität vermittelt, denn ich ging mit dieser Gewißheit in die Ehe, also, ihr versteht euch gut, und das mit dem Bett wird auch alles ganz harmonisch sein. Ich war eigentlich ungeheuer enttäuscht, als es gar nicht so harmonisch war. Das war eine Sache, auf die war ich nicht vorbereitet worden.

Aber meine Einstellung zur Sexualität beinhaltet natürlich auch die Einstellung zu Männern. Auf der einen Seite hab ich manchmal schon das Gefühl gehabt, ich hätte so etwas von Nymphomanin an mir, weil ich einfach wahnsinnig gern mit jemandem schlafe und auch sehr schnell bereit bin, mit einem Mann zu schlafen. Ich glaube aber sicherlich, daß ich auch Angst hab. Ich hab bestimmt Angst vor Männern. Und versuche, Männer zu beherrschen. Einfach meine Angst zu überwinden, indem ich sie beherrsche. Ich tendiere auch mehr zu weichen Männern. Ich mag keinen Mann, der männlich ist im üblichen Sinne. Ich liebe zum Beispiel Männer, die weinen können. Ich versuche, mich in einem Mann ein bißchen wiederzufinden.

Auf der anderen Seite muß ich sagen, das erste Mal, als ich dachte, daß ich schwanger bin, war ich noch die total intakte Jungfrau. Ich glaube schon, daß meine Mutter mich aufgeklärt hat, irgendwann mal in der Badewanne, genau weiß ich das nicht mehr. Auch als ich meine Tage kriegte, hat Mami zu mir gesagt, na ja Mädel, also nun, und du kannst die Binden ja ausprobieren, ich finde sie nicht so doll, ich habe immer lieber Watte genommen. Also, wir haben da eigentlich ganz normal drüber geredet. Da gabs nie so Horrorgeschichten von wegen »Jetzt kommt das Los der Frau, und du mußt es tragen«. Überhaupt nicht. Trotzdem kannst du ja sehen, wie weit diese Aufklärung offensichtlich ging. Ich war damals immerhin 17. Da gab es doch immer diese Partys, wo man einfach tanzte, Coca Cola mit irgendwas trank und sich ganz toll vorkam. Und einer von den Jungens hatte immer so ein Zimmerchen, wo man sich zurückziehen konnte und ein bißchen zu fummeln anfing. Danach kamen jedenfalls meine Tage irgendwann nicht. Und ich in heller Aufregung Hilfebriefe nach B. an Jürgen geschrieben, der dann zurückschrieb, mein liebes Kind, das kann gar nicht sein. Und meine Mutter, die ja sehr wohl wußte, wann die Tage ihrer Tochter kommen, sich auch wunderte, daß die nicht kamen und meinem Vater Mitteilung machte, worauf die die Post öffneten.

Meine Mutter behauptete später, von meinem Vater animiert – wie auch immer, die hat den Brief geöffnet, in dem stand, es kann nicht sein. Die Tochter war mittlerweile auch so schlau gewesen, daß sie sich dieses überlegt hatte – ich war zu einem Arzt gegangen. Der hat einen Lachkrampf gekriegt, als ich auf diesem Stuhl saß, und sagte, er hätte zwar von der Empfängnis der Heiligen Jungfrau gehört, aber ich sollte mir man keine Sorgen machen, das wäre nicht an dem, und ich würde nicht in die Bibel kommen. Und ich ging nach Hause und hatte prompt meine Tage, weil alles von mir floß.

Meine Mutter, die saß da aber drohend im Sessel mit diesem geöffneten Brief in der Hand und verlangte von mir, mit zu ihrem Arzt zu gehen, um festzustellen, ob ich noch Jungfrau war oder nicht. Und da ich das ja bereits für mich festgestellt hatte, hab ich gedacht, so, diese Niederlage läßt du ihr. Und das hab ich voll ausgekostet. Das hab ich so genossen, das weiß ich noch wie heute. Das Ende war, daß sie sich bei mir entschuldigte. Denn die Ärztin untersuchte mich und meinte dann, meine Mutter wäre wohl etwas überfürsorglich. Diese ganze Sache habe ich ihr bis heute noch nicht verziehen. Diese Situation fand ich damals so erniedrigend und schlimm.

Wirklich, sie ist für mich so was, was ich auf der einen Seite ablehne und auf der anderen Seite ungeheuer bewundere. *Sie* hat mich jedenfalls nie verlassen. Sie ist für mich das Urbild einer Mutter. Ich kanns nur bewundern, aber trotzdem, es ist mir einfach zuviel. Sie kam mir manchmal so vor wie eine schnappende Falle. Ich hab bei ihr das Gefühl gehabt, wehe, du gibst dem nach. Wehe, du läßt dich da reinfallen, dann hat sie dich mit Haut und Haaren. Dann bist du nichts mehr, dann bist du nur noch sie. Es ist tatsächlich so was von Schlund und Abgrund und Krake und tausend Arme und Einfangen.

Sie hat auch von sich aus bestimmt, was ich werden sollte. Ich wußte damals überhaupt nicht, was ich machen wollte. Ich war grad beim ersten Freund, aber um Gottes willen noch nicht beim Beruf. Und daraufhin sagte meine Mutter, mein liebes Kind, der Krieg liegt hinter uns, und Handwerk ist das Beste. Wir alle brauchten im Krieg Klamotten, also lernst du Schneiderin. Und weil sie diesem guten Kind aus gutem Hause nun nicht zumuten konnte, in eine Schneiderlehre zu gehen, haben sie mich auf die Modeschule gesteckt.

Privat kannte ich damals, wie gesagt, schon den Jürgen. Meiner Mutter gefiel der Jürgen nicht so besonders gut, er kam nicht aus dem Elternhaus, wie sie es sich erhofft hatte. Er hatte zwar Abitur und studierte auch, das war ihm hoch anzurechnen, aber die Eltern waren ihr zu kleinkariert. Von daher löckte sie immer so ein bißchen gegen den Stachel. Stichelte ständig gegen ihn; was er anhatte, über seine Eltern, ganz egal. Und sie ist da ungeheuer feinfühlig, sie kann das phantastisch. Zack, hatte ich wieder eine weg.

Da merkte ich einfach nur, daß ich dann wirklich gegenlöckte, das heißt, je mehr sie gegen ihn hatte, desto mehr hatte ich für ihn. Zum Schluß habe ich ihn dann geheiratet – eigentlich mehr, um ihr zu beweisen, daß ich eigenständig bin. Was ich damals ja ganz offensichtlich bestimmt nicht war. Nur um sie zu ärgern. Ich hab damals wirklich zu Jürgen gesagt, wir wollen jetzt ein Exempel statuieren. Wir wollen ihren Willen brechen. Meine Gefühle standen da ganz außen vor, die hatten damit nichts zu tun. Ich hätte, wenn meine Mutter nicht so fatal dagegen gewesen wäre, ihn sicher niemals geheiratet. Das weiß er auch, das wissen beide. Ich wollte ihn nicht in die Pfanne hauen, ich empfinde ihn auch heute noch als ungeheuer wichtigen Menschen für mich. Daß es sich zum Teil leider bewahrheitet hat, was meine Mutter gesagt hat, das ist etwas ganz anderes. Aber ich wollte ihr einfach klarmachen, daß sie über mich nicht mehr zu bestimmen hatte. Ich wollte ihr wehtun. Und ich hab ihr damit wehgetan, daß ich ihn geheiratet hab.

Das fing alles schon an in dem Moment, als ich mich verlobt hatte. Als ich am nächsten Morgen mit diesem glitzernden Ring am Frühstückstisch erschienen bin und mein Vater es auch bemerkte und sagte, ach, wir müssen wohl eine Flasche Sekt aufmachen. Und die Reaktion meiner Mutter war: Ich glaube nicht, daß wir noch eine Flasche Sekt im Eisschrank haben. Oh, hab ich gedacht, Mädel . . . Ist es dir nicht möglich, dich einfach zu freuen? Warum kannst du nicht auf mich zugehen und kannst mir nicht sagen, ich find es schön? Warum kannst du dich nicht mal vergessen und nur mal an mich denken? Warum mußt du dich immer wiederfinden in mir? Warum mußt du immer all das, was du nicht erreicht hast, in mir suchen? Das ist wirklich alles aus mir herausgebrochen, ich war so traurig und so wütend und so sauer.

Trotzdem war sie natürlich bei der Hochzeit dabei. Ne, ich suchte auch den Triumph. Ich wollte sie teilhaben lassen an diesem Glück. Sie hat bis zu dem Moment der Hochzeit permanent gegen ihn gewettert. Und dann kam plötzlich bei ihr dieser Umschwung. Sie überlegte sich nämlich, so, wie ich mich im Moment benehme, verliere ich die Tochter. Den Schwiegersohn hab ich eh nie gehabt. Wenn ich mich anders verhalte, gewinne ich zwei Leute. Also schwenkte sie um 180 Grad, wurde die zurückhaltende, liebevolle, zärtliche, aufmerksame Mutter und Schwiegermutter. Kam mit kleinen Gastgeschenken, nie aufdringlich, nie zu oft, immer genau dann, wenn man sie brauchte. Ganz zurückhaltend. Nie leidend, immer fröhlich. Na ja, so hat sie innerhalb von zwei bis drei Jahren Jürgen voll eingewickelt. Er sagte, ich weiß gar nicht, was du gegen deine Mutter hast, sie ist doch reizend. Als sie dann merkte, daß die Ehe in die Brüche ging, ist sie ganz

234

klug gewesen. Ich hab sie so eine Woche vorher vor vollendete Tatsachen gestellt, daß es aus ist, daß ich gedenke, diese Ehe zu beenden. Da hat sie nur vorsichtig versucht, einzulenken. Ich hab so'n bißchen das Gefühl gehabt, daß sie es mit der Angst bekommen hat. Sie wollte vielleicht ihr Schicksal nicht noch mal wiederholt sehen.

Na ja, ich bin dann ausgezogen, und dann kam diese Sache, daß sie wieder versuchte, mich als kleines Mädchen zu sehen. Indem sie sagte, wo ich die Möbel hinstellen sollte und wie ich die Bilder aufhängen sollte. Da kam eigentlich der erste große Krach. Und dann gab es so eine Zeit, wo ich sie überhaupt nicht informiert habe, wo ich wenig persönlich mit ihr geredet habe. Ich bin aber, und das mache ich heute noch, fast jeden Sonntag bei ihr zum Essen gewesen. Ihretwegen, nicht weil es mir ein Bedürfnis ist. Aber ich lerne es langsam, nicht jeden Sonntag zu gehen. Mittlerweile lebt sie mit meiner Großmutter allein, zwei Frauen, die sich überhaupt nicht mögen, die sich mehr oder weniger hassen. Und ich hab irgendwie meiner Mutter gegenüber ein schlechtes Gewissen. Ich hab das Gefühl, all das, was sie auch immer für mich gemacht hat, hat sie wirklich gemacht, weil sie mich liebt. Weil sie mir offensichtlich all das ersparen wollte, was sie erlebt hat. Sie hat mir in einem übertriebenen Maße Mutter, Freundin, Vertraute, Heim, Wohligkeit, Wärme – all das geben wollen. Sie wollte mich so einlullen, mir alles fernhalten. Ich unterstelle ihr heute wirklich nur lautere Motive. Sie hat mir wirklich nie, glaube ich, wehtun wollen. Und ich muß ihr heute einfach wehtun, indem ich nichts mehr vor ihr beschönige, indem ich nichts mehr von ihr fernhalte, indem ich alles ausspreche. Indem ich ihr wirklich Dinge vor den Kopf knalle, ihr Egoismus vorhalte, ihre Art zu leben anzweifle. Ich such mit ihr seit drei Jahren wirklich die Auseinandersetzung und weil ich sie so sehr angehe, hab ich auf der anderen Seite eben das Bedürfnis, ihr am Sonntag so zwei Stunden heiles Familienleben zu geben. Ich möchte ihr irgendwie die Hilfe geben, sich auf diese zwei Stunden mit mir freuen zu können, weil das ihre Chance ist, von meiner Großmutter wegzukommen. Auch die Sache mit der Abtreibung jetzt, es war bis zum letzten Moment eigentlich so, daß ich mich geweigert habe, meiner Mutter was davon zu sagen. Meine Mutter redet ja schon seit Jahren vom Enkelkind. Von klein auf hat sie mir eigentlich immer wieder gesagt, meine Liebe, wenn du mal mit einem Kind nach Hause kommen würdest, keine Angst. Ich verlange nicht von dir, daß du heiratest, und das Kind kriegen wir groß. Ungefähr zwei Wochen vorher hat sie mal bei mir gesessen und über nichts anderes als Enkelkinder geredet. Wo ich schon wußte, daß ich schwanger war. Das hat mich dermaßen belastet, ich wollte dieses Kind nicht haben, ich konnte dieses Kind nicht haben. Und ich konnte es ihr nicht erzählen, ich dachte, ich bin so verwundbar im Augenblick, ich weiß nicht, die kriegt mich. Und sie soll mich nicht kriegen.

Es hatten sich alle Freundinnen angeboten, mir zu helfen, mich abzuholen, mir ein Süppchen zu kochen, und ich fand das auch ganz prima und fühlte mich ungeheuer stark und wollte meine Mutter am nächsten Tag anrufen und sagen, im übrigen, ich habe abgetrieben. Und dann hab ich gedacht, so drei Tage vorher, das ist doch . . . Irgendwas stimmt da doch nicht, was für einen Sieg willst du da eigentlich erringen? Und dann hab ich plötzlich festgestellt, ne, du willst gar keine Freundin, du willst jemanden, der ohne Worte einfach das macht, was du möchtest. Und plötzlich hab ich gewußt, die wird nicht weinen, die wird nicht schreien, die ist so handfest, die Frau, die ist genauso wie damals, wenn du als kleines Kind ne schlechte Arbeit geschrieben hattest und sie einfach dasaß und dir nur sagte, das wird schon wieder alles, und nun paß mal auf, wir kriegen das schon wieder hin. Und genau diesen blöden Satz, wir kriegen das schon wieder hin, den wollte ich hören.

Ich hatte es mir alles so toll zurechtgelegt, wie ich es ihr sagen wollte, aber dann fiel alles nur so aus mir raus. Und dann sagte sie zwar so mit einem Lachen, wär ganz schön gewesen, aber kann ich begreifen. Und erzählte plötzlich ne Sache aus ihrem Leben, daß sie auch mal in der Situation gewesen sei. Und ich hab die Freundin angerufen und gesagt, vielen Dank, aber meine Mutter wird da sein. Und das war ungeheuer schön, daß ich das sagen konnte, du, und sie war dann phantastisch. Nicht burschikos, nicht weinerlich – sie war einfach da, aber auch nicht übertrieben da. Wir haben in der Zeit sehr viel miteinander geredet. Und plötzlich war das Eis – gebrochen ist zuviel. Aber ich glaube, daß wir am Anfang sind. Oder sagen wir mal, ich glaube, daß ich am Anfang bin, von ihr eigentlich mehr erfahren zu wollen. Daß ich auch, glaub ich, im Augenblick in der Lage bin, die richtigen Fragen zu stellen. Früher hab ich immer nur Fragen gestellt, die provozierten oder wenn ich mein Urteil bereits gefällt hatte.

# Literatur

Bergman, Ingmar, Herbstsonate, Hamburg 1979
Dally, Ann, Die Macht unserer Mütter, Stuttgart 1979
Friday, Nancy, Wie meine Mutter, Frankfurt/M. 1979
Hammer, Signe, Töchter und Mütter. Über die Schwierigkeiten einer Beziehung, Frankfurt/M. 1977
Heinrich, Jutta, Das Geschlecht der Gedanken, München 1978
Miller, Alice, Das Drama des begabten Kindes und die Suche nach dem wahren Selbst, Frankfurt/M. 1979
Mütter und Töchter, Journal Nr. 12, Frauenoffensive Verlag, München

# DIE SELBSTBEWUSSTE FRAU

10956  10996

**GOLDMANN**

# Goldmann Taschenbücher

Informativ · Aktuell
Vielseitig · Unterhaltend

Allgemeine Reihe · Cartoon
Werkausgaben · Großschriftreihe
Reisebegleiter
Klassiker mit Erläuterungen
Ratgeber
Sachbuch · Stern-Bücher
Indianische Astrologie
Grenzwissenschaften/Esoterik · New Age
Computer compact
Science Fiction · Fantasy
Farbige Ratgeber
Rote Krimi
Meisterwerke der Kriminalliteratur
Regionalia · Goldmann Schott
Goldmann Magnum
Goldmann Original

Goldmann Verlag · Neumarkter Str. 18 · 8000 München 80

Bitte
senden Sie
mir das neue
Gesamtverzeichnis

Name _____

Straße _____

PLZ/Ort _____